철학적 산문

철학적 산문

소흥렬 지음

이화여자대학교출판부

머리말

철학의 자유

'철학적 산문'이란 제목으로 여기 모은 글들은 '철학적 운문'이 되기에는 내용도 좀 많으면서 더 논증적인 것들이다. 그러면서도 '철학적 논문'이라고 하기에는 형식적인 면이나 체제적인 면에서 적합하지 않은 글들이다. 학술 논문이 갖추어야 하는 여러 가지 조건에 구애받지 않는 자유로운 형식의 글들이다. 논문으로 발전시켜 볼 수 있는 내용들도 있으나 논문의 체제를 벗어날 수 있는 자유로운 표현 방식으로 남겨 두고 싶은 글들이다.

'철학적 수필'이라고 해도 좋은 글이 몇 편 있지만 대부분은 '수필'이 의미하는 것보다는 무거운 내용을 다루고 있다. '철학적 산문'이라는 표현이 '철학적 수필'을 포함하는 것으로 이해해도 좋을 것 같다. '철학적 산문'의 가장 중요한 의미는 역시 '철학적 논문'이 아니어도 좋다는 형식적 · 체제적 자유로움에 있다.

여기에 모은 글들은, 세 편만 제외하고는 모두 2004년 여름에서

2005년 여름에 이르는 한 해 동안 쓴 것이다. 그 이전에 쓴 세 편은 「지는 해의 아름다움」(2003), 「큰스님」(2000), 그리고 「동쪽에서 만난 기독교와 철학」(1995)이다. 지난 한 해에 그처럼 많은 '철학적 산문'의 글을 쓸 수 있었던 것은 나 자신이 철학적 논문을 쓰는 일로부터 자유로워져야겠다는 생각을 하면서 스스로 그렇게 설득해 왔기 때문일 것이다.

'철학적 산문'으로 자유롭게 표현된 생각들이지만 우리 철학을 지켜나갈 후학들과 우리의 철학을 믿어 주고 희망적으로 말해 주는 많은 사람들에게 조그마한 도움이라도 될 수 있기를 바라면서 출판의 용단을 내린다.

2005년 9월 3일

老盤 소흥렬

차례

I

철학적

철학과 철학자

철학자의 영감

윤리학 교수

철학의 줄기와 가지

철학과 철학자

철학은 이데아의 세상에 있고 철학자는 현실 세계에 있다. 철학은 플라톤의 동굴 비유로 말하자면 동굴 밖의 세상에 있고 철학자는 동굴 안의 세상에 있다. 동굴의 비유에서는 철학자가 동굴 밖을 나올 수 있는 것처럼 말하고 있지만, 엄밀하게 말하자면 동굴 밖을 나올 수 있는 사람은 아무도 없다. 철학자도 다른 사람들처럼 동굴 안의 세계에 갇혀 있으면서 동굴 밖의 세상을 이해하고자 노력할 수밖에 없다.

철학자의 현실 세계와 철학의 이데아 세계를 연결시켜 주는 것은 철학적 사유 또는 철학적 사색이다. 이데아 세계의 철학이 철학자의 사유 세계에서 구체화되게 하는 것이다. 관념적인 대상으로 실현되게 하는 것이다. 이데아 세계의 철학을 모형화하는 것이다. 불완전하지만 구체화하여 관념적으로 실현하는 것이다. 이데아 세계의 철학을 인간의 언어로 정보화한다고 할 수도 있다.

이데아 세계의 철학을 어떻게 정보화하느냐, 어떤 내용을 정보화하느냐, 얼마나 정확하게 정보화하느냐, 얼마나 많은 것을 정보화하느냐는 것은 철학자의 사유 능력에 의존한다.

철학자는 그런 철학적 사유 능력으로 성장해 가는 사람이다. 그런 사유 능력에서 다른 사람들보다 뛰어난 능력을 보이는 사람이다. 그러므로 철학자는 이데아 세계에 대한 안내자 역할을 한다고 볼 수 있다. 이데아 세계의 철학으로 현실 세계를 밝혀 준다고 할 수 있다. 이데아 세계의 철학으로 현실 세계를 비판해 주는 사람이라고 할 수 있다. 이데아 세계의 철학을 빛으로 하여 현실 세계의 어두움을 밝게 해준다고 할 수 있다.

현실 세계의 어두움에 익숙한 사람들은 이데아 세계로부터의 빛을 거부할 때도 있다. 철학자가 거부당할 때가 있다는 것이다. 철학자가 '순교'를 당할 수도 있다는 것이다. 철학자가 그런 '순교'를 당하는 것은 차라리 바람직한 일이다. 현실 세계의 어두움을 밝혀 줄 철학의 빛을 필요로 하는데도 철학자들이 그런 역할을 못하는 경우보다는 '순교'를 당하는 철학자가 있는 세상이 낫다. 철학자의 '순교'가 결국은 철학의 빛으로 어두운 세상을 밝게 해줄 것이기 때문이다.

철학이 죽었다고 하는 지금은 철학적 사유가 이데아 세계의 철학을 구체화하지 못하고 있다. 철학자들의 사유 능력이 이데아 세계의 빛을 현실 세계로 연결시켜 주지 못하고 있다. 현실 세계가 필요로 하는 이데아 세계의 철학을 제대로 전달해 주지 못하고 있다.

다른 철학자들이 구체화해 준 이데아, 즉 철학사에 기록된 철학적 지식은 새로운 빛이 되지 못한다. 철학적 지식은 철학자의 교육을 위한 자료가 될 수는 있다. 철학적 사유의 교육에 필요한 자료가 될 수는 있다. 하지만 그런 교육에서도 철학사의 지식을 주입시키는 것으로 끝난다면 그것은 철학적 사유의 교육이 되지 못한다. 철학적 사유가 어떻게 이데아 세계의 철학을 현실 세계의 철학으로 구체화하여 실현할 수 있는가를 보여주는 것이 철학의 교육이다. 그런 사유의 능력을 스스로 적용해 보면서 성장해 가도록 하는 것이 철학적 사유의 교육이다.

이데아의 세계에는 철학만이 있는 것은 아니다. 수학적 진리도 있다. 예술적 창작에서 완전을 추구하게 하는 형상도 있다. 그런데 수학에서는 수학적 천재를 말하고, 예술에서는 타고난 재능을 말한다. 수학적 진리의 이데아나 예술적 형상의 이데아를 구체화하는 능력의 천재성을 말한다. 수학적 언어와 예술적 언어가 특이하기 때문일 것이다. 이데아를 구체화하여 실현해 주는 언어가 일상 언어와는 다른 수학의 언어이고 예술의 언어이기 때문일 것이다.

철학의 언어는 일상 언어이기 때문에 수학이나 예술에서의 능력에 비교해 볼 때 보편적이고 일반적이다. 누구나 철학적 사유를 할 수 있다. 수학이나 예술에서와 같은 특수 재능을 필요로 하지 않는 것이 철학적 사유의 능력이다. 누구나 철학자가 될 수 있다. 누구나 종교적인 수도자가 될 수 있는 것과 같다. 다만, 차이는 얼마나 꾸준히 정진하느냐에 있다. 그리고, 얼마나 꾸준히 정진할 수 있느냐는 것은 기본적인 교육과 훈련을 얼마나 철저하게 준비해 줄 수 있었느냐가 결정한다. 기초 교육의 문제라는 것이다. 장인이 되는 교육에 비교할 수 있으며, 예술가를 위한 기초 교육에 비교할 수 있다.

철학 교육은 철학적 사유 능력의 교육이기 때문에 철학적 지식의 학습을 의미하는 것이 아니다. 예술을 위한 기술을 배우는 것과 같다. 스스로 예술 창작의 단계에 이를 수 있을 때까지 철저하게 기술 교육을 받아야 하는 것과 같다. 말하자면, 도제식 교육을 받아야 하는 것이다.

도제식 교육 방법으로밖에 철학적 사유 능력의 교육이 이루어질 수 없는데도 우리 철학계는 그런 교육의 전통을 이어오지 못했다. 철학적 지식의 학습으로 충분한 것처럼 착각해 버린 것이다. 스승이 칸트 철학을 강의하면 제자도 칸트 철학을 강의하도록 함으로써 철학 교육이 완성된 것처럼 착각해 버린 것이다. 그것은 철학의 스승이란 사람들이 철학적 사유 능력의 모범을 보여줄 수 없었다는데 그 근본적인 원인이 있었던 것이다. 도제식 철학 교육을 할 수 있는 스승이 철학계에는 없었다는 것이다.

철학을 전공한다는 것은 철학적 사유의 능력을 위해 정진하기로 한다는 것인데, 우리의 대학 교육이 강조한 것은 철학 교수나 강사가 되어 누구의 철학을 강의하게 되느냐에 관심을 두게 한 것이다. 철학의 지식 중에서 한 가지를 학습하여 전문적으로 강의하는 사람이 되면 철학자가 되는 것처럼 인식하게 한 것이다. 철학에서의 학습은 그야말로 부수적인 것이다. 철학적 학습에만 치중하는 철학 강의는 철학 교육이라고 할 수 없다. 철학적 사유 능력의 교육이 아니기 때문이다.

대학에서의 '철학 전공'이란 말 대신 '철학적 사유 능력 교육'으로 다시 시작하는 것이 철학을 살리는 길이다. 철학자를 위한 교육이 되느냐는 것은 철학적 사유에의 정진이 가져오는 결과로 말할 수밖에 없다. 누구나 일상 언어를 사용하는 철학적 사유의 훈련에 참여할 수 있다. 도제식 교육에서의 제자가 될 수 있다. 문제는 훌륭한 스승을 만나는 일인데, 우선은 철학적 사유 능력에서 조금이라도 앞서 가는 사람들이 스승의 역할을 할 수 있을 것이다. 도제식 교육에서의 스승과 제자의 관계는 서로가 영향을 주면서 함께 성숙해 갈 수 있게 한다. 그렇게 성장해 가는 스승과 제자 중에서 소크라테스가 나올 수 있으며, 소크라테스가 되는 사람을 우리는 '철학자'라고 부를 수 있을 것이다.

소크라테스의 사유 능력에서 플라톤은 이데아 세계의 철학이 현실 세계의 철학적 대화를 통해 구체화되는 것을 보았던 것이다. 소크라테스와의 대화는 철학적 지식의 학습을 위한 것이 아니었다. 철학적 사유의 힘을 보여주는 것이었으며, 대화에 참여하는 사람들 모두가 제각기 자신의 사유 능력에 변화를 가져올 수 있게 하는 것이었다. 철학적 사유 능력의 교육을 도제식으로 해준 것이 소크라테스와의 대화였다.

철학자의 영감

예술적인 영감과 종교적인 영감은 말하면서도 철학적 영감은 잘 말하지 않는다. 철학자에게도 영감이 있어야 한다. 예술이나 종교에서와 마찬가지로 철학에서도 창조적인 내용은 영감으로 얻는 것이어야 한다. 철학적 영감을 잘 말하지 않는 것은 종교나 예술에 비해 철학에서는 창조적인 작업이 쉽게 나타나지 않기 때문일 것이다. 창조적 작업으로 말하자면 예술이 가장 창조적이다. 예술가는 누구나 창조적이어야 한다는 생각을 하게 한다. 그러나 종교에서는 성직자들마다 창조적이어야 할 이유가 없다. 종교적 조직과 제도 속에서 성직자의 역할을 해가는 사람들이 대부분이다. 창조적인 선지자나 예언자 또는 교주는 소수로서도 충분하다. 설교나 설법을 하는 데서도 종교 의식의 한 부분으로 하게 되면 창조적일 필요가 없다. 영감을 받아서 창조적인 설교나 설법을 하는 성직자는 선지자나 예언자처럼 드물게 나타나도 되는 것이다.

철학자들은 대부분 학문적인 강의를 한다. 예언자나 선지자처럼 될 필요도 없고 예술가처럼 될 필요도 없다. 고전적인 철학을 설명하고 해설해 주면 되는 것이다. 하지만 철학에서도 새로운 철학의 시대가 열릴 때는 창조적인 철학자가 있어야 한다. 철학적 영감으로 철학 강의를 하는 철학자가 나와야 하는 것이다.

철학적인 영감 대신 철학자들에게 적용되는 능력은 통찰력이다. 철학적 통찰력이 있어야만 적어도 독자적인 강의를 할 수 있다는 것이다. 이러한 통찰력은 문학적 상상력과 비교될 수 있다. 문학과 예술에는 상상력이 있어야 한다. 표현의 예술성을 위한 상상력이 있어야 한다. 문학적 가상 세계를 그려 주기 위한 상상력이 있어야 한다. 종교적으로 말하자면 종교적 진리를 이해하고 해석할 수 있는 깨달음이나 믿음의 결단이 철학적 통찰력이나 문학적 상상력과 같은 것이라고 할 수 있다. 종교적으로 세상을 볼 수 있는 마음의 문이 열리게 되는 것을 말한다. 믿음으로써 구원을 받게 된다는 뜻이며, 깨달음으로써 세상의 진리를 바로 볼 수 있게 된다는 뜻이다. 종교적 체험의 경지에 입문하게 되는 것을 말한다. 그런데 종교의 길은 그런 믿음의 결단이나 깨달음의 체험으로 완성되는 것이 아니다. 종교적 수행의 길은 끝이 없는 정진의 길이다. 종교적 체험의 세계로 입문하긴 했으나 그 세계 안에서의 체험을 통하여 종교적으로 성숙해 가는 길이 남아 있다는 것이다. 그런 종교적 체험은 다름 아닌 종교적 영감이다. 계시를 받는 체험이고, 영감으로 진리를 더 깊이 더 넓게 터득해 가는 체험이다.

믿음으로 끝나는 것이 아니고, 깨달음으로 끝나는 것이 아닌 종교적 수행은 문학적 상상력만으로는 창조적인 작업이 완성될 수 없는 것과 같다. 문학적 영감이 있어야 한다. 영감으로 얻은 것을 작품으로 표현할 수 있어야 한다. 영감의 내용에 상상력을 더한 표현 방법이 적용되어야 하는 것이다. 영감이 전해지는 작품과 상상력만으로 만들어진 작품의 차이를 말할 수 있다. 종교적 영감이 예술적 작품으로 표현될 때 이러한 영감과 상상력의 차이는 뚜렷해진다. 종교가 예술적 표현을 필요로 하고, 예술이 종교적 영감을 표현해 보게 하는 종교 예술의 의미를 이해할 수 있다. 이러한 종교와 예술의 관계를 통하여 예술에서의 창작은 순수 예술적 영감으로 성장해 가는 경지에 이를 수 있기 때문이다.

철학도 종교의 도움을 받을 수 있다. 종교 예술이 있듯이 종교 철학이 있다. 하지만 예술적 영감이 예술을 종교로부터 독립하게 할 수 있는 것과는 다르게 철학을 종교로부터 독립할 수 있게 하는 철학적 영감은 쉽게 말할 수 없는 것 같다. 왜 그럴까? 철학적 통찰력을 넘어선 철학적 영감이란 어떤 것일까? 종교적 영감과는 다른 철학적 영감은 왜 쉽게 말할 수 없는 것일까? 종교적 체험을 수반하지 않는 철학적 영감은 어떤 점에서 특이한 것인가? 종교적 교주가 되지 않으면서 철학적 영감으로 철학의 시대를 열어 가는 사람이 쉽게 나타나지 못하는 까닭은 무엇일까?

소크라테스는 분명히 그런 영감이 있었던 철학자였다. 노자도 그런 철학자였다. 그런데 노자는 그의 철학적 영감이 종교적 영감과 동일시되어 종교적 교주가 되기를 바랐을까? 붓다에 대해서도 같은 질문을 해볼 수 있을 것이다. 붓다를 철학자로 이해할 수 있다. 붓다의 깨달음을 철학적 영감으로 이해할 수 있다. 그러나 붓다는 종교적 교주가 되어 버렸다. 깨달음에 이르게 하는 수행의 방법이 종교적 수행으로 이해될 수 있기 때문이다. 그러면서도, 과연 붓다 자신이 종교의 교주가 되기를 원했을까 의심해 볼 수 있다. 노자의 경우보다 붓다의 경우는 종교적 수행의 길과 종교적 깨달음, 그리고 종교적 영감이 훨씬 더 분명하게 특성화되었기 때문에 붓다의 종교적 의도를 의심할 수 없을지 모른다. 하지만 철학자로서의 붓다도 여전히 강하게 남아 있다. 도가의 철학을 말할 수 있듯이 불가의 철학을 말할 수 있다. 철학자로서의 노자와 철학자로서의 붓다를 말할 수 있다.

이처럼, 소크라테스와 노자와 붓다의 철학을 말할 때 그들이 보여준 철학적 영감에 대한 이해도 가능할 수 있을 것이다. 철학적 영감을 철학적 통찰력과 구별해서 설명하고 이해할 수 있을 것이다.

철학적 통찰력은 논리적 사유를 바탕으로 한다. 연역 논리만이 아닌 다양한 비연역 논리가 적용되는 논리적 사유를 필요로 한다. 노자 · 붓다 · 소크라테스에게서 볼 수 있는 논리적 사유에는 연역 논리와 함께 우리가 유형화한 귀납 논리, 유비 논리, 변증 논리, 귀추 논리, 실천 논리가 모두 적용되고 있다. 물론 유형화되지 않은 비연역 논리의 적용도 찾아볼 수 있을 것이다. 철학적 통찰은 포괄적인 사유, 보편적인 사유, 일반화하면서 추상화하는 사유를 필요로 하기 때문에 연역 논리와 다양한 비연역 논리를 자유롭게 적용할 수 있는 논리적 사유의 능력을 필요로 하는 것이다.

이러한 철학적 통찰력은 논리적 사유의 힘으로 가능한 것이면서 또한 논리적 사유의 한계 때문에 제한될 수밖에 없는 것이다. 철학적 통찰력은 철학적 영감을 말하지 않는다는 것이다. 철학적 통찰력은 독자적인 철학의 집을 지을 수 있게 한다. 그러나 창조적인 철학의 힘이 될 수는 없다는 것이다. 철학에서의 영감이 필요하다는 것인데, 철학에서도 영감은 사유 능력의 결과라기보다는 사유 능력의 한계, 즉 논리적 사유의 한계에 이르러서 얻게 되는 특수한 체험이라는 것이다. 여기서 논리적 사유의 한계라고 하는 것은 이성의 논리로 제한된 사유 능력의 한계를 의미한다. 영감은 이성의 논리만으로 제한될 수 없는 체험이다. 이성의 논리가 한계에 이르렀음을 인식하는 마음의 상태에서 정서의 논리로 체험할 수 있게 하는 마음의 문이 열렸을 때 철학적 영감이 가능한 것 같다. 영감이라는 체험은 이성과 정서가 함께 적용되는 특이한 체험이라는 생각을 해볼 수 있다. 영감은 논리적 능력의 결과가 아니라는 것도 그것이 이성만으로는 가능하지 않다는 것을 말해 준다. 정서의 작용이 필요하기 때문에 영감은 수동적으로 받아들이는 체험으로 이해되기도 한다.

철학적 영감이 쉽지 않은 까닭은 철학이 지나치게 이성의 논리에만 치중해 있었기 때문이다. 정서의 논리에 관심을 두면서 정서적으로 마음을 열어 주는 태도가 필요한 것이다. 하지만 정서의 논리가 어떤 것인지, 또한 정서의 논리가 이성의 논리와는 어떻게 관련될 수 있는 것인지에 대한 철학적 이해가 전무한 상태에서 철학적 영감을 설명하고 이해하고 방편적으로 준비한다는 것은 사실상 불가능하다. 하지만 우리에게는 소크라테스가 있고, 노자가 있고, 붓다가 있기 때문에 철학적 영감의 현상과 체험을 대상화하는 연구 작업이 가능하다.

윤리학 교수

윤리학 교수의 덕성

나는 윤리학으로 박사 학위 논문을 쓰고자 했었다. 1960년 미시간대학교의 대학원 철학과로 가면서 인연이 된 프랑케나(Frankena) 교수의 영향력 때문이었다. 그의 윤리학 강의가 좋았으며 그의 인간적 매력은 더욱 좋았다. 그러나 그 당시의 지배적 철학은 모두 '분석 철학'이었다. 윤리학에서도 윤리적 문제를 다루는 것이 아니라 윤리학의 기본 개념들, 예컨대 '좋다'나 '옳다'와 같은 개념의 의미를 분석하고 있었다. 윤리학 이론에 대한 다양한 견해들의 문제를 합리적으로 해결하기 위한 정지 작업이라고 생각한 것이었다. 이러한 분석 철학적 분위기는 사회 철학에도 그대로 적용되어 거기서도 '사회 정의'라는 개념 분석에만 열중하고 있었다.

그러한 분석 작업은 그 자체로서 끝없는 문제가 될 수 있으며, 그런 분석의 결과가 윤리적 문제의 해결에 도움이 될 수는 없다는 사실이 이미 비트겐슈타인의 언어 철학에서 지적된 바 있었다. 일상 언어의 개념을 윤리 문제에 적용하고 있으므로 수학의 개념이나 과학의 개념처럼 정확하게 제한된 개념으로 사용할 수 없다는 것이다.

또한 윤리학의 문제라면 윤리적 규범의 근거나 타당성을 논하는 문제를 말하는데, 그것은 윤리학의 이론으로 말하자면 공리주의를 받아들이냐, 사회 정의론을 받아들이냐, 아니면 실정법적 질서론을 받아들이냐를 논하는 것으로 이해되었다. 그런데 그런 논의는 끝없는 논쟁이 될 수밖에 없다는 것을 곧 깨달을 수 있었다. 분석 윤리학의 정지 작업으로서도 해결되지 않는 논쟁으로 남아 있을 수밖에 없다는 뜻이다. 그런데 윤리학이 그런 논쟁으로 시간을 보내고 있는 동안 세상에는 끊임없이 윤리 문제가 터져 나오고 있다는 것이 나의 문제 의식이다.

프랑케나 교수는 윤리학 강의가 아니라 그의 인품으로써, 그의 덕망으로써 미시간의 철학과를 이끌어 가고 있었다. 그러니까 생활 현장에서 중요한 것은 그 사람의 윤리관이 아니라 덕성이라는 뜻이다. 도덕적으로 얼마나 성숙한 인품의 사람이냐가 중요하다는 것이다. 그렇다면 윤리학 이론에는 덕성의 문제가 반드시 다루어져야 한다는 생각을 하지 않을 수 없다. 프랑케나 교수의 윤리학 강의 시간에 이런 관심 문제를 제기했더니 그는 친절하게 나의 문제를 받아들이면서 긍정적인 반응을 해주었다. 동양 윤리적 관심에서 제기될 수 있는 문제라고 하면서도 초기 미국의 청교도 철학자들도 덕성의 문제를 중심 문제로 다루었었다고 설명해 주었다. 앞으로의 윤리학 이론은 덕성 문제를 다시 중요한 문제로 논하게 될 것이라고 예측하기도 했다.

나는 분석 윤리학이 지배하는 그 당시 분위기에서 윤리학으로 박사 학위 논문을 쓴다는 것은 무의미한 것이라고 판단했다. 그러면서 윤리학 이론 또는 윤리관의 선택과 개인의 덕성이 어떻게 연관될 수 있는가를 생각하기 시작했다. 프랑케나 교수의 덕성은 어떻게 가능한 것이었을까? 윤리학 교수라는 사실이 그의 덕성에 영향을 주었을까?

윤리학 교수이기 때문에 윤리적으로 훌륭한 사람이 된다는 생각은 맞지 않다. 도덕적으로 미숙하다고 생각되는 윤리학 교수들을 만나게 됨으로써 그런 생각을 시정할 수밖에 없었다. 인격적으로 문제가 되는 윤리학 교수에 대해서도 사람들은 쉽게 이해하고자 했다. 윤리학은 다른 여러 분야의 학문처럼 이론적 학문일 뿐이라는 것이다. 학문과 생활, 학문과 인간성은 일치할 필요가 없다는 것이다. 더욱이 분석 윤리학은 윤리적 규범의 문제를 직접 다루지도 않을 뿐 아니라, 덕성의 문제에는 관심도 없는 학문적 방법에 치중하는 것이므로 윤리학자의 인품이나 덕성을 문제시하는 것은 '범주 혼동'의 오류와 같은 잘못을 범하는 것이라고 한다. 그래도 나는 윤리학의 이론과 윤리학자의 덕성이 무관할 수 없다는 생각을 포기하지 않았다. 분석 윤리학이 윤리학자의 도피처가 되어서는 안 된다고 생각했다. 윤리학이기 때문에 자신의 덕성과 학문적 관심을 관련시켜야 한다고 생각했다.

윤리관과 이데올로기

우리 세대는 치열한 이념 갈등의 시대를 살아야 했다. 제국주의에 대한 민족주의와 자본주의에 대한 사회주의가 우리의 선생님들과 우리의 선배들을 이념적으로 싸우게 한다는 것을 목격하면서 성장했다. 6 · 25 한국전쟁을 겪고 우리가 고등 학생이 되었을 때는 남북의 이념적 대결 때문에 우리 안에서의 이념적 갈등은 표면화될 수가 없었다. 그러나 남북의 이념 갈등도 언젠가는 풀어야 할 우리 민족의 과제라는 생각은 할 수 있었다. 철학은 바로 그런 이념의 문제를 해결해야 하는 학문이라고 생각했다. 그런데 미국의 철학은 그렇지 않았다. 사회 철학조차도 이데올로기 문제는 제외하고 있었다. 윤리학에서도 사회 윤리를 말하고 이상 사회의 모형을 말하지만 그것은 언제나 이데올로기 문제까지는 언급하지 않는 것으로 제한되고 있었다.

이러한 미국의 윤리학이 우리 나라에까지 영향을 미쳐서 윤리학은 이데올로기 문제를 다루지 않으면서 사회 문제를 논할 수 있는 도피처로 이용되고 있었다. 예컨대, 롤스(Rawls)는 분명히 사회 정의의 문제를 다루고 있지만 사회주의적 정의와는 무관하게 다루고 있었다. 사회주의적 정의는 평등주의적 정의를 기본으로 한다. 하지만 롤스는 공정으로서의 정의를 다루기로 한 것이다. 미국이 이념적으로 적대시하고 있는 사회주의적 평등주의는 문제시하지 않겠다는 것이다. 그처럼 평등주의적 사회주의를 논외로 할 때 '미국의 평화' 라는 명목으로 미국이 지금 자행하고 있는 온갖 국제 문제에 대한 개입이 윤리적으로 정당화될 수 있는 것이다. 이를테면, 이라크 전쟁의 명분도 9 · 11 테러를 공정의 정의로 보복하기에 앞서 그런 테러를 가져오게 한 정의의 문제, 즉 공평의 정의를 고려해야 한다. '정의의 사자' 를 자칭하는 미국의 행위가 '제국주의적 지배' 로 이해될 수 있다면 이것은 공평의 정의에 관한 문제가 된다. 공평한 주권 국가임을 부정하는 간섭과 침략이 문제가 된다는 것이다.

식민지 시대가 분단 시대로 이어지면서 한 세기를 살아온 우리 민족에게는 민족주의를 이념으로 하지 않을 수 없다. 미국 자본주의의 지배를 받는 아랍 민족의 국가들에게도 민족주의의 이념화는 불가피할 것이다. 오랜 식민지 상태에서 해방된 아프리카의 여러 나라들에게도 사정은 마찬가지일 것이다. 문제는 이러한 민족주의적 입장에서 볼 때 미국의 대외 정책은 제국주의적으로 보일 수밖에 없다는 것이며, 그것은 평등주의적 정의에 위배된다는 것이다.

공평의 정의를 무시할 때 자본주의와 사회주의의 갈등, 제국주의와 민족주의의 갈등이라는 이념 문제에 개입되지 않을 수는 있다. 공정의 정의를 윤리관으로 받아들이면서 그런 이념적 갈등 문제로부터 도피할 수는 있다는 것이다. 그러니 이런 윤리학이 무슨 소용이 있겠는가?

윤리학자의 윤리관은 이데올로기와는 무관한 것이라고 주장한다면 그런 윤리학자는 마땅히 현실 정치로부터 스스로를 격리시켜야 한다. 그런데 이러한 우리 윤리학자들이 '국민윤리'라는 과목을 만들었다. 교육학이나 다른 관련 분야의 학자들이 함께 참여했지만, 윤리학 교수들이 주도한 것은 사실이다. 그때는 나도 윤리학 강의를 하고 있었기 때문에 처음부터 함께 참여하게 되었다.

'국민윤리'는 이념적인 과목이다. 우리의 정치 체제를 위한 과목이었으며, 좁게는 그 때의 우리 정권을 위한 과목이었다. '국민윤리'라고 하면서도 사회 정의의 문제를 그 내용에서 제외했다는 사실은 당시의 이념적 갈등을 의식한 처사였다고 하지 않을 수 없다. 이념적 선택이었다는 뜻이다. 윤리관이 이념적 관심을 완전히 배제할 수 없음을 말해 주는 것이며, 윤리학 교수가 이념으로부터 도피한다는 것은 사실상 불가능하다는 것을 보여주는 것이다.

윤리학의 이론이라고 하는 윤리관을 강의하는 내용에서도 윤리적 이상 사회로 제시되는 관점들은 그대로 이데올로기적인 이상으로 해석될 수 있음을 볼 수 있다. 가령, 공리주의의 원리를 최대 다수를 위한 최대의 행복으로만 제한하지 않고, 최소수에게 최소의 불행 또는 고통이 되게 하는 소극적 원리까지 포함하게 한다면, 이것은 곧 "행복한 사람이 많아지고, 불행한 사람이 적어지는 사회"를 지향하는 이념으로 이해될 수 있는 것이다.

같은 방법으로 정의론의 원리를 해석하면, "더 공정하게 되면서 더 공평하게 되는 사회"를 지향하는 이념이 될 수 있다. 사회주의적 평등주의 이념과 다를 바 없는 이념이 된다. 마찬가지로 질서론의 원리를 해석하면, "질서 속에서 개혁이 이루어지는 사회"를지향하는 이념이 될 수 있다. 보수주의와 개혁주의 또는 진보주의가 공존하면서 상보적 조화를 이루어 나가는 이상이라고 할 수 있다.

윤리 교육의 한계

'국민윤리'라는 과목으로 성취하고자 한 것이 무엇이었는지 처음부터 명확하지 않았다. 이화여대에서는 철학 교수가 강의하는 '국민윤리'와 정치학 교수가 강의하는 '국민윤리'가 그 내용이 다르다고 정보부에서 지적하면서 문제를 삼게 되었다. 결과적으로 철학 교수들은 '국민윤리' 과목을 강의하지 않도록 했는데 학생들은 철학 교수들의 강의를 더 좋아했다는 것이다. '국민윤리' 강의가 도청되고 있었다는 것도 그때 알게 되었다.

'국민윤리'는 어용 교사나 어용 교수라는 인상을 주게 하는 과목이었다. 지성인으로서의 사회 의식을 포기했거나 유보함으로써 현실 권력에 타협하는 교사나 교수로 보이게 하는 과목이었다. 윤리적으로 존경을 받을 수 없는 스승이 될 수밖에 없었다는 것이며, 그런 교사나 교수가 윤리 과목을 강의한다는 사실이 거부 반응을 일으키게 했다는 것이다. 결국, '국민윤리'는 대학에서 먼저 없어지게 되었다. '국민윤리'를 만들 때의 요란했던 행사에 비해서 아주 조용히 사라져 버린 것이다. '국민윤리'로써 성취할 수 있었던 것은 아무것도 없었다. '국민윤리'는 '윤리'가 아니라 '국민 정치 교육'이라는 해석도 있었다.

온 국민을 윤리적으로 더 훌륭한 시민이 되게 하는 교육은 불가능하다. 도덕적 성숙을 뜻하는 개인의 덕성은 가르쳐서 형성될 수 있는 것이 아니기 때문이다. 개인의 덕성은 가르칠 수 없는 것이다. 스스로 덕망 있는 인품의 스승이나 어른을 보고 배울 수 있는 것이다. 훌륭한 스승은 지식의 교육에서만이 아니라 덕성의 모범에서도 제자들의 성숙에 도움을 줄 수 있는 사람이다.

윤리 교육은 주입식으로 강요할 수 없는 것이다. 유교의 덕목, 불교의 덕목, 기독교의 덕목 등을 설명해 줄 수는 있지만 선택은 학생들 스스로가 하게 해야 한다. 왜, 어떤 덕목을 선택하게 되었는지를 정당화하는 이유를 제시하게 할 수는 있다. 세대적 특성, 시대적 특성을 이야기하면서 학생들의 의견을 조율해 보게 할 수도 있다. 그러면서 이런 토론은 자연스럽게 윤리적 이상 사회의 문제로 이어질 수 있다. 다양한 윤리관을 접할 수 있도록 스승이 안내해 주는 계기가 될 수 있는 것이다. 공리주의적 이상 사회, 평등주의적 이상 사회, 법치주의적 이상 사회 등을 제시하여 비교하고 비판하면서 선택해 보게 할 수 있다. 학생들 스스로 이상 사회의 윤리관을 새롭게 그려 보게 할 수 있다.

윤리적 이상 사회를 그려 보는 것은 윤리 교육의 문제이다. 하지만 윤리적 이상 사회의 그림을 그리기 위한 내용의 준비를 생각해 보면 그것은 이미 윤리의 한계를 벗어나 있다. 윤리적 이상 사회를 윤리 문제에 국한시켜서 생각할 수는 없다. 이상 사회를 위한 온갖 가치 문제를 포괄적으로 생각해야 한다. 종교적 가치, 예술적 가치, 이념적 가치, 과학적 가치, 기술적 가치 등을 윤리적 가치와 관련시켜서 고려해야 한다. 물론 이런 다양한 가치들을 나열하는 것만으로 가치관의 교육이 되는 것은 아니다. 그런 가치들이 서로 영향을 주고 서로 제한하는 관계도 이해할 수 있어야 한다. 종교적 진리와 과학적 진리의 관계, 종교적 거룩함이나 성스러움과 예술적 숭고함의 관계, 예술적 아름다움과 도덕적 아름다움의 관계, 종교적 신비와 기술적 신비의 관계 문제 등에 대한 논의와 설명이 시도되어야 한다.

윤리 교육은 이러한 가치관 또는 가치 문제에 대한 이해를 전제로 해야 하는데 그런 조건을 무시한 채 추상화되고 제한된 윤리관을 교육하고자 한다는 것은, 교육 방법의 문제를 떠나서도 무모한 짓이 아닐 수 없다. 무엇을 어떻게 교육하느냐가 윤리 교육에서는 심각한 문제로 남아 있다는 뜻이다. 게다가 누가 윤리 교육을 할 것인가를 생각하면 문제는 더욱 심각해진다.

소크라테스의 선택

우리 시대의 개념으로 말하자면 소크라테스는 윤리학 교수였다. 훌륭한 윤리학 교수였다. 개인의 덕성은 가르칠 수 없다는 것을 알고 있었으므로 특정한 덕성을 주입시키고자 하지는 않았다. 누구나 스스로 판단하여 선택하도록 도와주었다. 그런데도 사형 선고를 내린 법정에서 소크라테스의 죄목으로 제시한 것은 아테네의 젊은이들을 타락시킨다는 것이었다.

소크라테스와의 대화는 누구나 자신의 삶과 가치관을 음미해 보게 하는 것이었다. 정서적으로나 문화적으로 익숙해진 온갖 가치들을 비판적으로 음미해 보게 한 것이었다. 이것은 결과적으로 기성세대의 가치관과 기득권 집단의 이념에 도전하는 의식을 갖게 했던 것이다. 소크라테스 자신은 정치적 비판을 하지 않았다. 특정 이념을 주장하지도 않았다. 주로 윤리적 가치관에 대한 비판적 검토를 유도하는 대화를 이끌어갔지만, 그것이 함축하는 바는 모든 가치 문제에 대한 비판이 될 수밖에 없었던 것이다. 그것은 소크라테스의 대화 방법, 즉 그의 철학하는 방법이 불가피하게 한 결과였다.

소크라테스의 재판은 정치적 재판이었다. 젊은이들을 타락하게 만든 소크라테스는 정치 권력에 대한 도전을 자행했다는 판결이었다. 아마 소크라테스의 의도를 그렇게 정죄하지는 않았을 것이다. 결과론적으로 그런 정치적 범죄를 책임지울 수 있다는 판결이었을 것이다.

소크라테스의 제자들이 볼 때는 부당한 판결이었다. 당치도 않은 누명이었다. 억울한 정치적 재판이었다. 제자들은 탈옥을 위한 만반의 준비를 해놓고 소크라테스에게 권유했으나 거절당했다. 재판 자체가 고문이나 사실 조작에 근거한 것은 아니었으나 재판에 관련된 사람들을 소크라테스의 입장에서 볼 때는 무지의 소치가 작용했음을 이해할 수 있었을 것이다. 하지만 재판의 결과는 소크라테스가 감당해야 할 몫이었다. 사형 선고는 너무 가혹한 판결이라고 생각되지만 그런 일은 누구에게나 일어날 수 있는 것이다. 그런데 만일 소크라테스가 탈옥을 해버린다면 그것은 현실 역사가 자기에게 부여하는 몫을 피해 버리는 행위가 된다. 결국 사람들은 소크라테스의 인격과 덕성을 문제시하게 되었을 것이다.

만일 소크라테스가 탈옥을 해서 사라져 버렸다면 소크라테스의 재판과 탈옥은, 요즈음 식으로 말하자면, 신문 기사에 오르는 하나의 사건이 되었다가 곧 잊혀져 버리는 일상사로 끝나 버렸을 것이다. 하지만 소크라테스는 현실 역사가, 온갖 인간적인 한계성의 작용을 수반하면서, 소크라테스에게 부여한 역사 참여의 행위를 그대로 받아들였다. 예수가 정치범으로 십자가형을 선고받았을 때도 그것을 피하지 않고 그대로 받아들였다는 사실이 중요하다. 독배를 마시는 소크라테스의 행위와 십자가에 못박히는 예수의 행위는 사형 집행이라는 그 사건의 주인공으로 소크라테스와 예수가 살아남게 해주었던 것이다. 예수가 주인공으로 살아남게 된 사건이었기 때문에 그것은 역사적 사건이 될 수 있었던 것이다. 역사적 사건으로부터 도피하지 않았기 때문에 소크라테스의 독배는 그의 철학과 그의 윤리관을 검증해 주는 결정적 의미를 갖게 되었던 것이다.

그것은 소크라테스의 선택이었다. 자신의 덕성을 실천하기 위한 선택이었으며, 자기의 윤리관을 검증하기 위한 선택이었다. 윤리적 이상 사회는 역사적 사건을 통하여 실현되어 간다. 윤리적 이상 사회를 지향하는 우리의 윤리관을 검증할 수 있게 하는 역사적 사건이 일어난다는 것이다. 역사의 부름이라고도 할 수 있다. 역사적 참여, 또는 역사적 실천이라고도 할 수 있다.

덕성은 가르칠 수 없다. 윤리관도 이론 교육만으로는 설득력이 없다. 실천으로 보여주어야 하고 검증해 주어야 한다. 소크라테스를 오늘의 윤리학 교수라고 한다면, 오늘의 윤리학 교수는 모두 소크라테스가 되어야 할 것이다. 그렇게 생각하면, 소크라테스의 방법으로 철학을 강의하는 모든 철학 교수는 또한 윤리학 교수가 되어 소크라테스와 같은 선택을 할 수 있어야 한다는 생각도 가능하다. 결코 쉬운 일은 아니지만 선택 가능한 길이다.

나는 최근 포항공대 학생들을 타락하게 하는 강의를 삼가라는 말을 전해 들었다. 충고의 의미와 협박의 의도가 함께 전해진 말이었다. 철학 강의가 도청되고 있다는 사실은 짐작하고 있었으므로 놀라울 것이 없었다. 또한 그런 어려운 말을 내게 전해 줄 사람을 찾는 데 무척 신중한 고려를 했다는 사실은 대학 교수들을 마음대로 연행하고, 고문하고, 해직시켰던 지난 시대에 비해 우리 사회가 많이 성장했다는 생각을 하게 했다.

그들이 문제시했던 나의 강의는 윤리학 강의가 아니었다. 이데올로기 강의도 아니었다. 철학 강의의 내용에 역사의 문제, 문화의 문제, 가치관의 문제, 세계관의 문제 등이 포괄적으로 다루어지고 있기 때문에 그런 반응이 나올 수 있었을 것이다. 역사의 현장으로부터 도피할 수 없는 철학 강의에 대한 당연한 반응일 수 있다. 내가 윤리학 강의를 포기한 지는 오래되었지만, 소크라테스를 윤리학 교수라고 한 것처럼 소크라테스를 닮고자 하는 나 자신도 언제나 윤리학 교수로 남아 있어야 하리라는 생각을 해본다.

철학의 줄기와 가지

철학을 여러 학문 분야에 관련시켜서 나누어 본 것을 '철학의 가지'라고 했다. 적어도 아래와 같은 12가지 철학을 나열해 볼 수 있다.

논리 철학 수리 철학 언어 철학 과학 철학
심리 철학 사회 철학 역사 철학 문화 철학
도덕 철학 종교 철학 문학 철학 예술 철학

철학의 가지가 이처럼 다양하다면 '철학의 줄기'는 어떤 철학을 말하는가? '철학의 줄기'는 철학 그 자체라고 할 수도 있다. 철학을 지탱해 주는 기초적 · 기본적 철학이라고 할 수 있다. 철학이 철학으로서 우뚝 서 있게 하는 철학 특유의 힘을 나타내는 것이라고 할 수 있다.

철학의 힘은 철학적 사유의 힘이다. 철학적으로 생각할 수 있는 힘이다. 철학적으로 생각한다는 것은 우선 논리적으로 생각하는 것을 말한다. 논리가 있는 생각, 논리의 힘 때문에 설득력이 있는 생각을 하고자 하는 것이 철학이다.

논리적으로 생각할 수 있는 능력은 누구에게나 있는 잠재 능력이다. 개발될 수 있는 자기 자신의 능력이다. 따라서 누구나 철학적으로 생각할 수 있다. 자신의 능력으로 스스로 철학적 사유를 할 수 있다. 다만, 앞서 그런 능력을 개발한 사람이 뒤따라오는 사람을 도와줄 수 있다. 철학을 지식으로 가르치는 것이 아니라 철학적으로, 논리적으로 생각할 수 있도록 도와준다는 것이다. 따라서 전문 철학자가 아니어도 성장하는 사람의 철학적 사유 능력을 도와줄 수 있는 것이다. 이런 의미에서 모든 스승은 지식을 가르치는 일과 함께 제자들의 사유 능력을 도와주는 철학의 스승이 될 수 있다. 글쓰기 지도, 독서 지도, 토론 지도 등에는 철학적 사유 능력의 개발을 위한 도움이 필수적일 수밖에 없다.

사유 능력의 개발을 도와주면서 자신의 사유 능력도 성장하고 있다는 사실을 알게 되는 것도 철학적 체험이다. 특히 자신의 사유 능력이 한계점에 이르렀음을 깨닫게 될 때 철학에서 말하는 인식론적 문제를 접하게 된다.

사유 능력의 한계성은 누구나 성장의 과정 또는 성장의 단계에서 체험할 수 있는 일이다. 그런 단계를 통하여 성장할 수밖에 없기 때문이다. 그러면서 그런 한계성을 극복하게 하는 체험은 사유의 폭이 넓어지면서 가능하게 된다. 사유의 대상 세계가 넓어지면서 사유의 능력도 그 한계 범위를 한 단계씩 넓혀 가게 된다는 것이다. 다양한 체험이 필요한 이유이다. 패러다임의 변화를 가능하게 함으로써 새로운 방법, 새로운 능력의 사유를 할 수 있게 된다는 것이다.

가치관의 변화를 수반하는 사유 능력의 성장이라고 할 수도 있다.

사유의 세계가 넓어지면서 일어나는 또 한 가지 변화는 사유의 깊이가 더해진다는 사실이다. 양적인 변화가 질적인 변화를 가져오는 현상이다. 가치관의 확장이 존재 세계에 대한 깊이를 더해 준다는 것이다. 철학적 사유가 논리의 힘으로 강화되는 것을 방법론이라고 한다면, 사유 능력의 한계 문제를 의식하는 것은 인식론이라고 할 수 있다. 사유의 폭이 넓어지면서 가치관이 바뀌게 되는 것은 가치론의 문제이고, 그 결과 존재 세계에 대한 깊은 문제 의식을 갖게 되는 것은 존재론의 문제이다.

이런 것이 철학적 사유의 기본이다. '철학의 줄기'에 해당하는 철학적 사유의 성장 과정을 말한다. 방법론 - 인식론 - 가치론 - 존재론의 단계로 철학적 사유가 성장할 수 있다. 또 존재론 - 가치론 - 인식론 - 방법론의 단계로 철학적 관심이 변화할 수도 있다,

개인의 철학적 사유가 단계적 성장을 하는 것처럼 한 지역, 한 문화권의 역사에서도 철학적 사유의 단계를 볼 수 있다. '동양 철학', '서양 철학', '한국 철학', '중국 철학', '독일 철학', '미국 철학' 등을 말할 수 있는 것도 지역 문화에 따른 철학의 단계별 특성이 다르게 나타나기 때문이다. 한 시대의 철학을 말할 수 있게 하는 단계별 변화를 뜻한다.

철학적 사유의 단계를 말하면, 마치 그 성장 과정이 자연스러운 것처럼 착각할 수 있다. 하지만, 철학의 성장도 생명의 성장과 진화처럼 좋은 조건을 필요로 한다. 철학도 개척해야 하는 땅이 있을 수 있다. 물려받은 철학의 집을 개축해야 할 때도 있다. 철학의 나무가

생명을 잃어 가게 하는 척박한 땅으로 변할 수도 있다. 철학이 죽어 간다는 요즈음 우리 사회가 보여주는 철학 환경의 문제이다.

그렇다면 철학의 생명은 무엇일까? '철학의 뿌리'에 해당하는 것은 무엇일까? 철학을 죽을 수 없게 하는 힘은 무엇일까?

메타세쿼이아(metasequoia)라는 나무는 우리 나라 어디서나 볼 수 있는 우람한 가로수이다. 대학 교정에서도, 아파트 단지에서도, 지방 도로변에서도 쉽게 볼 수 있는 가로수이다. 이 메타세쿼이아가 80여 년 전까지만 해도 멸종한 식물로 알려졌다고 한다. 그러다가 중국 양자강변에서 한 그루가 발견되었다는 것이다. 그 한 그루를 살려서 번식시킨 것이 오늘의 가로수 메타세쿼이아라고 한다.

철학의 생명이 꺼져 버릴 수 없는 것도 메타세쿼이아의 생명력 같은 힘 때문이리라 생각한다. '철학의 생명', '철학의 뿌리'는 우주의 생명 또는 우주적 영혼이다. 그것이 우리 인간의 영혼으로 표현됨으로써 철학이 된다. 물론 종교에서도 예술에서도 그런 우주적 영혼이 표현되고 있다. 철학적 표현은 종교적 표현이나 예술적 표현과 다르지만 다 함께 우주적 영혼을 표현하고 있는 것이다.

플라톤이 '영혼의 이데아'라고 한 것이 그런 우주적 영혼이다. 동양 철학에서는 '도(道)'와 '법(法)'으로 표현한 것이 그런 우주적 영혼이다. '이(理)'와 '기(氣)'로 표현한 것도 그런 우주적 영혼이다. 우리가 '이데아', '도', '법', '이', '기'라고 지칭하는 우주적 영혼 그 자체가 어떤 것인지는 알 수 없다. 우리의 직접적 체험을 벗어나 있기 때문이다. 다만, 우리의 영혼 기능을 통하여 그런 우주적 영혼이 존재할 것이라는 짐작을 할 수 있을 뿐이다. 우리의 영혼 기능은 우리의 마음이나 몸의 기능처럼 우리 마음대로 되는 것이 아니기 때문이다. 우주적 영혼이라고 할 그 무엇의 영향력에 우리의 영혼이 반응하는 것으로 이해되기 때문이다.

우리 속에 있는 철학적 사유의 능력은 그런 영혼 기능, 즉 영혼의 반응을 위한 기본 능력이다. 철학의 뿌리로부터 생명의 힘을 얻어 철학의 줄기를 튼튼하게 지탱해 줄 잠재 능력이다.

Ⅱ

철학적

논리적 가능성

나는 접속한다 고로 존재한다

편재화된 정보와 파편화된 생각

수행적 인식과 논리적 인식

논리적 가능성

논리는 사유의 법칙이라고 생각하게 되면 자연의 법칙과는 무관한 것처럼 오해할 수 있다. 자연의 논리가 사유의 논리보다 더 근원적이라는 사실을 간과할 수 있다. 심지어는 사유의 논리가 허용하는 대로 아무렇게나 생각하기 위한 것이 논리의 본래 기능이라고 착각할 수 있다.

우리 인간이 논리적 사유를 할 수 있게 된 것도 진화의 산물이다. 자연의 논리를 따라서 자연에 좀더 잘 적응하기 위한 인간 특유의 진화적 산물이다. 자연의 세계를 인간의 사유 세계로써 모형화할 수 있게 하는 능력이다.

이렇게 볼 때 '논리적 가능성'은 아무렇게나 논리에 따라서 생각해도 좋다는 것이 아니라 자연 현상이나 인간 역사의 현상에 대하여 논리적으로 설명할 수 있는 가능성으로 이해되어야 한다. 원인 설명을 위해 적용되는 논리를 말하므로 그런 설명의 가능성은 어떤 현상에든 그것이 일어나게 한 원인이 있어야 하며, 그것이 일어날 수 있는 가능성이 논리적으로 설명될 수 있어야 한다는 것이다. '논리적 가능성'은 '논리적 설명의 가능성'을 말함으로써 논리적 설명, 원인 설명및 가능성의 설명에 적용되는 논리가 되는 것이다. 따라서 그런 논리는 자연 현상을 지배하는 논리이며 인간 사회의 역사를 지배하는 논리가 되는 것이다. 그런 실제 상황의 사건과 무관한 사유 세계에서만의 논리가 가능하지만 그것은 '가상 세계의 논리'이다. 그러한 논리가 이제는 사유 세계 안에서만이 아니라 객관화된 사유 세계라고 할 수 있는 컴퓨터의 논리적 기능에 의한 가상 공간에까지 적용됨으로써 실제 세계와는 무관한 가상 세계를 만들어내게 되어 있다. 가상 세계와 실제 세계를 혼동함으로써 생기는 온갖 문제들이 인간의 사유와 존재를 위협하고 있다.

이런 문제의 발단은 '논리적 가능성'을 실제 세계에 대한 논리적 설명의 가능성으로 제한하며 이해하지 않은 데에 있다. 논리의 적용을 그렇게 제한하지 않아야 한다고 하려면, 적어도 실제 세계의 논리와 가상 세계의 논리, 그리고 사유 세계의 논리를 구별하는 것만은 명확하게 해야 할 것이다. 그렇게 함으로써, 사유 세계에서의 논리적 가능성, 즉 논리적으로 허용되는 생각이면 어떤 것이든 좋다는 사유 세계에서의 가능성을 실제적 가능성과 혼동하는 과오를 범하지 않을 수도 있다.

이제 실제 세계에서의 논리적 가능성을 논리적 설명의 가능성으로 이해하는 문제로 제한하면서 어떤 논리적 가능성이 허용되고 문제가 되는가를 보자.

실제 세계에서의 논리적 가능성을 연역 논리적 가능성으로 볼 때 그것은 연역 논리적 설명의 가능성을 말하게 된다. 연역 논리적 설명을 가능하게 하는 실제적 현상은 법칙적 질서의 현상이다. 자연 과학이 성공적으로 탐구해 낸 자연 현상이다. 그러나 실제 세계의 현상에는 그런 법칙적 질서를 벗어난 현상들도 있다. 변증 논리적 설명을 필요로 하는 현상도 있다. 유비 논리적 설명을 필요로 하는 현상도 있다. 귀납 논리적 설명을 필요로 하는 현상도 있다. 귀추 논리적 설명을 필요로 하는 현상도 있다. 실천 논리적 설명을 필요로 하는 현상도 있다.

이처럼 다양한 논리적 설명을 가능하게 하는 현상은 모두 논리적 가능성의 현상이다. 모든 현상이 연역 논리적 설명을 허용하는 연역 논리적 가능성의 현상이라고 생각하는 것은 잘못이다. 어떤 현상이든 그것이 일어나게 하는 원인이 있어야 하고, 따라서 그런 원인에 의해 결정된 결과이므로 거기에는 원인 설명이 가능하고, 그 원인 설명을 연역 논리적 설명이라고 속단해 버리는 것이 문제이다. 원인에 의해서 결정된 결과를 결정론적으로, 숙명론적으로, 또는 운명론적으로 받아들이고자 하는 잘못된 생각이다.

자연 현상이든 인간 역사의 현상이든, 예컨대, 실천 논리적 원인 설명을 해야만 하는 것이 있다. 여러 가지 가능한 길이 있었다는 것이다. 과거 역사에 대해서도 역사적 가능성을 말할 수 있다는 것이다. 그것이 연역 논리적 가능성으로 제한되어 있다면 '역사'를 말할 수가 없다. 법칙이 지배하는 현상에는 '역사'라고 할 것이 없다. 자연의 역사도 그렇거니와 인간의 역사는 더욱 그렇다. 자연에도 역사가 가능한 것은 다양한 비연역적 논리의 가능성이 적용되기 때문이다. 우리 인간이 참여하여 만들어 가는 역사는 말할 것 없이 다양한 논리적 가능성을 허용한다.

역사 소설을 써봐야만 이해될 수 있는 인간사에는 다양한 논리적 가능성이 작용한다. 다양한 논리적 설명을 필요로 한다. 귀추 논리적 설명을 해야만 이해될 수 있는 일들이 있다. 유비 논리적 설명을 할 수밖에 없는 현상도 있다. 귀납 논리적 설명으로 이해할 수밖에 없는 일도 있다. 변증 논리적 설명이 가장 유효한 설명이 되는 변화의 과정도 있다. 실천 논리적 설명으로 실제 역사와는 다른 방향의 역사를 생각해 보게 하는 현상도 있다.

'논리적 가능성' 때문에 사유 세계와 가상 세계를 실제 세계와 혼동하게 되는 것도 문제가 되지만, '논리적 가능성'을 연역 논리적 가능성으로, 또는 연역 논리적 설명의 가능성으로 제한해서 생각해 버리는 것도 문제가 된다.

자신의 생애에 대하여 더 지혜롭게 된다는 것은 다양한 논리적 가능성을 생각할 수 있게 된다는 것이다. 지나간 생애의 역사에 대해서는 다양한 논리적 설명을 해볼 수 있게 된다는 것이며, 현재나 미래의 가능성에 대해서는 다양한 논리적 가능성으로 생각해 볼 수 있게 된다는 것이다. 연역 논리적 가능성도 배제할 수 없지만, 그것은 지나치게 결정론적인 가능성을 말하므로 자신의 생애에 대한 주체적·능동적 태도를 제한할 수 있다. 운명론에 빠지게 할 수 있다. 그런 운명론에서 벗어나기 위해서도 변증 논리적 가능성, 유비 논리적 가능성, 귀납 논리적 가능성, 귀추 논리적 가능성, 그리고 실천 논리적 가능성을 생각해 볼 수 있어야 한다. 인간의 논리적 가능성이 삶에 대한 지혜로 실현될 수 있어야 한다. 누구에게나 주어진 논리적 가능성의 사유 능력은 누구나 지혜롭게 될 수 있는 가능성을 부여해 준다.

나는 접속한다 고로 존재한다

정보화 시대라고들 하고, 정보 과학의 시대라고들 하는 지금은 철학의 존재론에서도 정보 기능의 필수 조건을 새롭게 이해하게 되었다. 정보 기능이 없이는 아무것도 존재할 수 없다는 것이다. 시간 - 공간적인 존재가 가능하기 위해서는 정보 기능이 있어야 한다. 정보 기능이 가능하기 위해서는 물론 논리의 선택이 필요하다.

정보 기능은 접속 기능이다. 언어가 통하는 관계이다. 정보의 발신과 수신 관계를 말한다. 정보의 내용에 따라서, 접속 방법에 따라서 다양한 논리의 적용을 필요로 하는 관계이다. 물질계의 접속 기능, 생명계의 접속 기능, 의식계의 접속 기능을 말할 수 있다. 집단 사회들간의 접속 기능도 말할 수 있다.

예술은 감동이라는 접속 기능을 가능하게 한다. 감동을 주지 못하는 예술 작품은 작품으로 존재할 수 없다. 흥행을 위한 상품이 되고 만다. 많은 실험 작품들이 예술 작품으로 공연되고 전시되고 있지만 감동이라는 접속 기능에 미치지 못함으로써 외면당하게 된다.

감동이라는 접속 기능에서 중요한 것은 예술가 자신의 영감이다. 감동을 주게 하는 작품의 내용이다. 그러나 그런 작품 내용에 못지않게 중요한 것이 예술 언어이다. 내용을 표현해 주는 예술 언어이다. 예술의 장르마다 특유의 언어가 있다는 것도 중요하며, 그것은 모두 예술 언어라는 공통점을 갖는다는 것도 중요하다. 어떤 장르의 예술 언어든지 아름답게 표현되어야 한다는 공통점을 가지고 있다는 것이다. 표현의 아름다움이 예술 언어에서는 이처럼 중요하기 때문에 아름다움 그 자체가 예술의 목표로 인식되기도 한다. 아름다움만으로도 감동을 줄 수 있기 때문이다. 하지만 내용을 통하여, 메시지를 통하여 감동을 주는 것이 예술적 접속 기능의 기본이다. 아름다움은 그런 접속 기능의 언어가 기술의 수준을 넘어서 예술의 수준에 이르렀음을 말해 주는 기준이다. 따라서 예술의 수준에는 미치지 못하는 기술로써 감동을 줄 수 있는 것도 있다. 영상기술이 자연의 신비를 그대로 기록해 줌으로써 감동을 줄 수도 있는 것이다. 그러나 그런 기술적 감동은 예술적 감동과 구별되어야 한다. 예술 작품으로서의 가치와는 구별되어야 한다. 감동을 주는 예술 작품은 예술가의 영감이 예술적인 표현 언어를 통하여 감상자의 감동으로 접속하게 하는 것이다.

종교는 우리의 일상적 체험 세계를 초월하여 존재하는 어떤 세계와 접속하게 한다. 거룩하고, 성스럽고, 신비로운 세계로 체험되는 초월적 세계와 접속할 수 있게 하는 것이다. 그런 세계와의 접속을 특이하게 체험한 사람들이 종교의 지도자들이다. 교주들이다. 성직자들이다.

종교적 접속은 초월적 세계에 대한 체험을 말하기 때문에 우리의 일상 세계를 위한 일상 언어로는 충분히 서술되거나 설명될 수 없다. 일상 언어의 세계를 초월하여 존재하는 세계와의 접속은 체험적일 수밖에 없으면서 그 체험의 내용을 일상 언어로 표현해야 하는 것이 종교적 언어의 문제이다. '불립문자(不立文字)'의 의미가 그렇고 '도가도비상도(道可道非常道)'의 의미가 그렇다. '하느님은 말씀(로고스)'이라고 하면서도 일상 언어적 표현의 한계를 말하는 것도 그렇다.

종교적 언어는 종교적 접속으로서의 체험을 위한 안내문 역할을 할 수 있을 뿐이다. 언어적 표현을 초월하는 접속의 체험은 각자가 스스로 해볼 수밖에 없는 것이다. 각자의 체험이 서로 같은 것인지도 알 수 없다. 종교 언어적으로 표현된 것으로 봐서는 비슷한 체험을 하게 된다고 생각할 수 있다. 또한 비슷한 체험을 하기 위한 종교적 공동체가 존재해야 하는 것으로도 체험의 내용을 짐작할 수 있다. 경전이 있어야 하고, 교리가 있어야 하고, 의식이 있어야 하고, 그런 공동체적 체험을 지도해 줄 성직자가 있어야 하는 것도 종교적 체험과 종교적 언어의 특이함 때문이다.

중요한 것은 그런 안내자와 중재자의 언어를 통하여 스스로 체험적 접속을 하는 것인데, 거룩하고, 성스럽고, 신비로운 초월적 세계와의 접속은 외면하고 세속적인 종교적 공동체에만 집착하게 될 때 종교는 타락하게 된다. 존재 의미를 상실하게 된다.

종교적 접속의 체험은 또한 영성적 체험이라고도 한다. 영혼의 세계에서 일어나는 체험이라는 것이다. 하지만 개별 영혼들이 몸을 떠나서도 존재한다는 세계를 초월적 세계로 생각할 수 있는지는 의심스럽다. 영혼의 기능이라고 할 수 있는 정보 기능으로 체험 가능한 접속을 인정하더라도 그런 체험을 하는 영혼이 우리의 신체적인 정보 기능을 떠나서 그것만의 정보 기능을 할 수 있는 독립된 개체로 존재할 수 있는지는 의심스럽다. 그런 영혼이 사후에도 존재한다는 영혼 불멸이나 영혼의 윤회 또는 영혼의 환생은 여러 가지 존재론적 문제를 남겨 두고 있다. 종교적 접속 체험을 근거로 한 지나친 비약이라고 할 수 있다. 종교적 접속의 체험은 우리를 종교적 존재로, 또는 영성적 존재로 존재하게 하는 것으로 충분하다.

철학은 사색을 통하여 일상적인 자아가 철학적인 자아와 접속하게 한다. 생활 속의 자아와 관념 속의 자아를 접속하게 한다고도 할 수 있다. 생활 세계에서 외부적인 자극에 반응하는 자아가 정신세계에서 주체적으로 사유하는 자아와 접속한다고도 할 수 있다. 자극에 반응하는 자아는 또한 도구적 기능을 하는 자아라고 한다면, 주체적으로 사유하는 자아는 창조적인 자아라고 할 수 있다.

철학은 우리의 마음이 일상적인 일에 묻혀서 잊어버리기 쉬운 또 다른 차원의 마음을 깨어나게 하는 것이다. 생각을 주체적으로 하게 하고 창조적으로 하게 한다. 그런 철학적 사유에서 중요한 것은 논리의 적용이기 때문에 그런 자아를 이성적 자아라고 했던 것이다. 철학적 사색을 가능하게 하는 것이 우리의 이성이라고 생각한 것이다. 하지만 주체적이고 창조적인 자아는 이성만의 자아가 아니다. 지성적이면서도 감성적인 자아이고, 감성적이면서도 지성적인 자아이다.

철학적 접속은 생각을 통하여 그런 차원의 자신을 발견하게 하는 것이다. 자신을 성찰하게 하는 것이며, 자신을 실현하게 하는 것이다. 음미해 보지 않은 삶은 살 가치가 없다고 한 소크라테스의 말처럼 자기 스스로를 음미해 보게 하는 것이다.

그런데 여기서도 접속이라는 정보 기능의 관계가 중요하다. 철학적 자아는 일상적 자아와 접속됨으로써 존재 의미를 갖게 되기 때문이다. 한편 일상적 자아는 그 자체의 정보 기능만으로도 존재할 수 있는 것은 사실이지만 그럴 경우 다른 동물의 자아와 크게 다를 바 없게 된다는 것이다. '합리적 동물' 이라고 한 인간 존재의 특별한 의미를 상실하게 된다는 뜻이다. 인간의 이성, 인간의 정신, 인간의 주체성과 창조성이 살아 있게 하는 정보 기능을 할 수 있어야 하므로 철학적 사색을 통한 접속이 있어야 한다는 것이다. "나는 철학적 사색을 통하여 접속한다. 고로 나는 철학적 자아로 존재한다" 라고 할 수 있어야 한다는 것이다.

철학적 사색을 통한 접속과 철학적 자아로서의 존재를 이렇게 이해할 수 있으면, "나는 생각한다. 고로 나는 존재한다" 라고 한 데카르트의 명제도 새롭게 해석해 볼 수 있을 것 같다.

데카르트는 확실한 지식을 얻기 위한 인식론적 문제로 시작하여 "나는 의심하고 있다" 즉, "나는 생각한다" 라는 명제에 이르게 된다. 의심의 여지가 없는 확실한 명제를 얻게 되었다는 것이다. 그런데 데카르트는 거기서 멈추지 않고 "나는 생각한다. 고로 나는 존재한다" 라는 합성 명제로 비약해 버린다. "나는 생각한다" 라는 인식론적 명제를 "나는 존재한다" 라는 존재론적 명제와 접속시켜 버린 것이다. 어떻게 그런 접속이 가능한 것인지는 설명이 없다. 논리적 접속은 아니고, 인과적 접속도 아니다. 그렇다면 데카르트의 사유 속에서 그런 접속을 원하는 강한 지향성이 작용한 것으로 이해할 수밖에 없다. 철학자 데카르트의 관심사는 사유하는 주체로서의 자아를 찾는 것이었을 수 있다. 철학이 필요로 하는 것은 바로 그러한 사유의 주체이기 때문이다. 그런데 "나는 생각한다"라는 것이 명확하다면 생각하는 주체로서의 자아는 이미 전제된 것으로 판단할 수 있다는 것이다.

그러나 "나는 생각한다" 즉, 자신이 사유 기능을 하고 있다는 사실만을 근거로 하면서 생각하는 주체로서의 자아의 존재가 의심의 여지없이 명확하다고 한다면 그러한 자아는 관념 속의 자아로 제한될 수 있다. 데카르트의 철학이 관념론의 철학으로 계승되게 된 것이 바로 이러한 한계성 때문이다. 관념론의 철학은 일상적인 경험의 세계를 무시해 버린다. 관념적인 자아의 세계가 필요로 하는 논리에 만족한다. 관념적인 내용을 그 자체로서 온전하게 생각한다. 결국 논리 정연한 관념의 체계를 말하는 철학이 되지만 일상적인 실제 세계와는 무관한 철학이 되어 버리는 것이다. "나는 생각한다. 고로 나는 존재한다"라는 데카르트의 명제는 인식론으로 존재론을 제한하게 함으로써 관념론에 빠지게 한다는 것이다. 접속이라는 정보 기능을 배제했기 때문이다.

철학적 자아는 일상적 자아와의 접속 관계를 통하여 존재하는 것이다. 반응적으로, 도구적으로 기능하는 일상의 자아와 끊임없이 접속하게 하는 철학적 사색을 통하여 주체적이고 창조적이고, 철학적인 자아가 발견되게 하는 것이 철학이다. 자기 성찰, 자기 발견, 자기 실현, 자기 음미를 가능하게 하는 것이 철학이다. 관념적인 자아만이 아니라 일상 속의 자아 또는 생활 세계의 자아를 철학적 자아와 함께 확인하게 하는 것이 철학이다.

일상 세계의 자아와 접속하여 발견되고 실현되는 철학적 자아는 나아가, 일상적 생활 세계에 대하여 주체적이고 창조적인 대응을 할 수 있다. 생활 세계를 비판할 수 있고, 그 세계의 역사에 대한 이상을 말할 수 있다. 철학이 있음으로써 우리의 세계가 발전적으로 변화할 수 있음을 말한다.

편재화된 정보와 파편화된 생각

우리 인간의 사유 능력이 다른 동물들과 질적으로 차이가 난다는 것은 추상적이고 보편적인 사유의 가능성 때문이다. 플라톤이 말한 이데아와 형상의 세계로 비약할 수 있는 능력 때문이다. 현실 세계를 초월하는 이상 세계를 그려 볼 수 있기 때문이다.

한편, 현실 세계에 적응하면서 생존해 가기 위한 사유는 구체적이고 특수한 현실 상황을 대상으로 해야 한다. 다른 동물들과 우리 인간이 공유하는 생존 수단으로서의 사유 능력을 말한다.

그러나 다른 동물들의 세계에서는 볼 수 없는 종교 · 예술 · 철학을 가능하게 하는 인간 특유의 사유는 그런 현실적 사유의 기능을 넘어선 이상적 사유이다. 추상화할 수 있고 보편화할 수 있게 하는 인간 이성의 능력이다. 인간을 합리적 동물이라고 특징화할 수 있게 하는 사유 능력이다.

그런데 지금 우리 인간은 정보화 시대를 맞이하면서 오히려 인간 특유의 합리적 사유 능력이 위협을 받는 상황에 처하게 되었다. 구체적이고 현실적인 문제 상황에 필요한 정보의 선택에만 관심을 두게 되고 그런 부분적 · 개별적 현실을 초월하는 보편적 · 추상적 사유에는 무관심하게 되어 간다는 것이다. 생각을 해서 문제를 풀어 나가려고 하기보다는 언제 어디서나 준비되어 있는 정보를 선택하는 방법에 집착하게 된다는 것이다.

어떻게 이런 현상이 나타나게 되었을까? 정보의 편재화를 가능하게 한 것은 인공 지능이라고 하는 컴퓨터의 출현 때문이다. 컴퓨터의 정보 처리 기능 때문이다. 컴퓨터의 정보 처리 기능에는 정보 저장의 능력과 연역 논리적 계산으로 정보를 처리하는 능력이 기본이다. 이런 컴퓨터의 능력이 우리 인간의 마음이 보여주는 능력과 같기 때문에 '인공 지능'이란 이름을 갖게 되었다. 나아가 우리의 마음조차 컴퓨터의 가능을 통하여 이해하고자 하는 경향까지 나오게 되면서 마음을 '정보 처리 기능'으로 생각하게 된 것이다. 물론 우리의 마음은 정보 처리 기능을 한다. 그러나 마음의 정보 처리 기능을 컴퓨터의 정보 처리 기능에 비유하면서 그것을 모형으로 생각하게 되면 마음을 컴퓨터의 모형으로 제한하여 이해하게 되는 위험성을 안게 된다. 이런 생각은 컴퓨터가 우리의 마음을 그대로 대신해 줄 수 있을 것처럼 착각하는 위험성을 안고 있다는 것이다.

컴퓨터는 정보의 편재화를 가능하게 해주면서 또한 필요한 정보를 적절하게 제공해 주는 기능을 함으로써 마음의 생각을 불필요하게 해준다. 생각을 대신해 주는 컴퓨터가 되고 있다는 것이다. 이처럼 컴퓨터의 계산적인 논리에 의존하는 인간의 마음은 더이상 논리적 사유를 할 필요가 없게 된다. 논리를 적용하지 않는 사유는 단편적 사실의 인식과 적용으로 충분하다. 연결된 생각, 또는 논리적 관계를 이해하는 생각이 아니라 사실의 파악으로 그때그때 반응해 버리는 단편적 · 파편적 생각으로 제한되어 버리는 것이다.

인간 특유의 합리적 사유가 사라져 가고 있다. 사실의 세계 위에 숨은 관계의 세계, 일반적 세계, 추상적 세계를 이해할 수 있게 하는 논리적 사유의 힘이 약화되어 가고 도태되어 간다는 것이다. 연역 논리적 계산을 대신해 줄 수 있는 컴퓨터의 기능만으로는 자연 세계의 비밀과 신비를 파헤칠 수 없기 때문이다. 가령 법칙적 질서를 설명할 수 있는 연역 논리의 적용만 하더라도 이미 확인된 법칙을 바탕으로 하는 자연계의 모형은 만들 수 있지만 새로운 자연 현상의 탐구에 있어서는 컴퓨터의 계산 논리만으로 가능한 것이 아니다. 컴퓨터의 논리는 가상 세계의 모형을 만들 수 있게 한다. 가상적 가능 세계의 온갖 가능성을 컴퓨터 모형으로 만들어 볼 수 있다. 하지만 그것이 자연 세계의 모형으로서 어느 정도 타당한 것인가는 다른 방법으로 검증되고 확인되어야 한다.

자연은 진화의 과정을 통해 우리 인간에게 놀라운 사유 능력을 부여해 주었다. 자연 세계, 자연 현상의 여러 가지 연결 관계를 이해하고 설명할 수 있게 하는 다양한 논리적 사유의 능력을 부여해 주었다. 그런 논리적 사유의 유형 중에서 연역 논리적 사유는 특이한 한 가지가 될 수 있을 뿐이다. 법칙적 질서의 관계를 설명할 수 있게 하는 논리이므로 기본적인 논리가 될 수 있는 것은 사실이지만 자연 현상은 그런 법칙적 질서로 제한되어 있지 않다.

자연 현상의 일반성, 보편성 또는 추상성은 법칙적 질서를 통해서도 나타나지만, 변증 논리가 적용되는 갈등과 모순이 종합되고 지양되는 과정적 현상으로도 나타난다. 역사적 발전을 통하여 이루어지고 인식되는 보편성을 말한다.

귀추 논리가 적용되는 구조적 또는 기능적 보편성도 자연이 우리 인간의 사유 능력을 통하여 드러내는 특이한 현상이다. 플라톤의 이데아와 형상이 자연 현상의 근본으로 존재한다는 생각을 하게 한다. '하느님' 이란 개념으로 자연 현상의 모든 것을 설명하고 이해해 볼 수 있게 한다. 우리 인간의 사유가 개념적 비약을 통해 이러한 보편화에 이를 수 있다는 것은 참으로 놀라운 일이다. 이런 인간의 사유 능력은 하느님을 닮은 것이라 하지만, 진화의 과정에서 나타난 인간의 사유 능력이라고 한다면 그것은 곧 자연을 닮은 것이라고 해야 할 것이다. 자연 현상 자체가 그런 추상적 일반화의 세계를 근본으로 하고 있다는 생각을 해야 할 것이다. 그것은 로고스(Logos)의 세계이다. '말씀' 의 세계이고 정보의 세계이다.

그런 추상적 · 일반적 보편화의 정보는 구체적인 사실의 정보와 같은 것이 아니다. 플라톤에서는 이렇게 그런 이데아와 형상의 일반성이 구체적이고 개별적인 세계의 정보와 관련될 수 있는지를 설명하는 문제가 남아 있다. 우리의 사유가 개별적이고 구체적인 사실들에 대한 생각에서 추상적이고 일반적인 개념적 생각으로 비약할 수 있다는 사실이 플라톤의 문제에 해답을 줄 수 있을지 모른다. 귀추 논리적 사유는 개별적 생각에서 일반적 개념으로 비약한 후, 다시 그런 일반화의 개념으로부터 개별적 사실의 세계로 내려와 적용해 보는 과정을 필요로 한다. 종교적으로 말하자면, '하느님' 의 존재를 가정하는 비약을 한 후 그 하느님 개념으로 모든 구체적 · 현실적 현상을 설명해 보고자 하는 사유를 말한다.

컴퓨터는 변증 논리나 귀추 논리적 '계산' 을 할 수 없다. 마찬가지로, 우리 인간의 사유는 계산이 아닌 귀납 논리와 유비 논리적 사유로 일반화의 세계에 이르는 시도를 할 수 있다. 그런 일반화의 세계 또는 보편화의 세계를 귀납 논리나 유비 논리로 설명하고 이해하는 능력이 지혜이다. 그런 논리적 사유를 적용하지 않고서는 이를 수 없는 지혜이다. 컴퓨터의 계산 논리는 결코 지혜로운 관찰을 할 수 없다.

컴퓨터의 계산 능력과는 다른 또 한가지 사유 능력은 실천 논리적 사유이다. 컴푸터 계산만으로도 온갖 수단적 가능성을 찾아낼 수 있다. 하지만 계산 논리적으로 제한된 실천적 · 논리적 사유는 독창적일 수 없다. 새로운 목표를 위한 새로운 방법을 생각해 내고, 새로운 기술을 만들어 내는 인간의 창의력과 고안력은 컴퓨터에 의존할 수 없는 인간 특유의 사유 능력이다. 주어진 수단과 방법을 고려하여 목표를 수정하는 능력도 인간의 실천 논리적 사유만이 가능하게 하는 것이다.

연역 논리적 계산에 제한되지 않는 다양한 논리적 사유를 적용하는 우리 인간만이 자연 현상의 구체적 · 개별적 정보 뒤에 숨어 있는 추상적 · 일반적 정보를 이해할 수 있다. 정보의 편재화 때문에 인간의 사유가 파편화된다면 이것은 인간 특유의 사유 능력을 상실해 가는 불행한 일이 아닐 수 없다. 플라톤의 이데아와 형상을 무의미하게 하는 인간 사유의 빈곤화 또는 고갈을 의미하게 될 것이다. 종교나 예술이나 철학에서의 진리 추구가 무의미하게 될 것이며 수학의 발전을 통한 과학적 지식의 포괄화도 불가능하게 될 것이다. 정보의 편재화가 사유의 논리를 죽이게 해서는 안 된다.

수행적 인식과 논리적 인식

양파의 껍질을 한 겹씩 벗겨가듯 자기 마음속에서 인식의 껍질을 벗겨 갈 수 있다. 마음을 비우는 일을 단계적으로, 점진적으로 해 볼 수 있다.

인식의 껍질을 그렇게 벗겨 나가면, 인식의 껍데기로 여겨지는 것들을 하나씩하나씩 버리고 나면 그 속에 깊이 묻혀 있는 자신을 찾을 수 있을 것 같다. 본래적인 자아, 진짜 자아, 또는 본질적인 자아라고 할 수 있는 자신을 만나게 될 것 같다. 하지만, 양파의 껍질을 다 벗기고 보면 아무런 알맹이도 없이 껍질들로만 만들어졌다는 사실을 발견하게 되듯이, 인식의 껍질 속에 묻혀 있는 알맹이 자아라는 것도 없다는 사실을 발견하게 된다. 자아라는 것도 겹겹이 쌓여 있는 인식의 껍질들로 이루어져 있다는 것이다.

그렇다면, 나의 자아를 이루고 있는 인식의 껍질들은 나만의 것인가? 필연적으로 나의 마음, 나의 자아를 이루도록 결정되어 있었던 인식의 껍질들일까? 아니다. 인식의 껍질 중에서 필연적으로 나의 것이어야 하는 것은 없다. 모두가 우연하게 나의 인식으로 형성된 것들일 뿐이다. 나의 인식만이 그런 것이 아니다. 다른 사람들의 인식도 그렇다. 알맹이 자아, 필연적 자아, 또는 본질적 자아라는 것은 아무에게도 없다. 자아를 형성하는 인식의 껍데기들은 모두 우연적인 것이다. 나의 자아가 지금과는 다른 자아가 될 수도 있었다. 나의 자아가 남의 자아로 바뀔 수도 있었다. 아무도 자신의 자아를 절대시할 수 없다. 모두가 우연적 존재일 뿐이다. 역사적 우연으로 형성된 자아일 뿐이다. 이런 점에서 모든 자아는 동등하다. 평등하다. 서로 바뀌어 형성될 수 있었던 것이다. 시작부터 자기 것이었던 것은 아무것도 없다. 우연의 역사가 만들어 준 자아를 자기 것으로 인식하게 된 것뿐이다.

인식의 껍질을 벗겨 가는 체험은 언제나 새롭게 시도되어야 하는 과정이다. 명상의 과정이라고도 하고 수행의 과정이라고도 한다. 하지만 누구나 쉽게 모든 인식의 껍질을 벗어 버리는 단계에까지 이를 수는 없는 것 같다. 알맹이 자아가 없다는 사실을 인식하게 되는 '무아'의 경지에까지 이르게 되는 수행은 엄격하고 철저한 종교적 수행에서나 가능하다고 한다. 그런 수행의 도가 어느 수준에 이르게 되면 그때는 자유자재로 모든 인식의 껍질을 벗어 버리는 단계에 이를 수 있다고 한다. 인식의 껍질을 모두 벗어 버리게 되는 단계이므로 그것을 의식의 세계로부터 무의식의 세계로 '투과'하는 체험이라고 한다. 인식의 껍질로 이루어진 세계가 아니므로 무의식의 세계라고 할 수 있을 것이다. 그러나 '무의식'이란 표현이 정확한 것인지는 알 수 없다. 현대 심리학에서 말하는 '무의식'은 의식의 세계에 영향을 미치는 잠재된 의식, 억압된 의식 같은 것을 뜻한다.

인식의 껍질을 다 벗어 버리고 무아의 경지에 이르는 체험은 '깨달음', '득도', '돈오'의 체험이라고 하는 특수한 인식 체험을 수반할 수 있다는 것이다. 그런 특수 인식의 체험은 심리학에서 말하는 무의식의 영향과 같은 것일 수 없다. 오히려 일상적이면서도 특수 인식 능력을 뜻하는 직관 · 영감 · 통찰 · 계시와 같은 맥락의 인식 체험이면서 그 인식의 폭이나 깊이 또는 인식 방법의 직접성이나 일회성에서 대단히 특이한 인식 현상이라고 해야 할 것이다. 일상 언어적 서술이나 설명을 허용하지 않는 체험이라고 한다.

인식의 껍질을 벗겨 가는 과정은 한겹 한겹 벗어 버리는 단계마다 인식의 껍질로부터 자유로워지는 체험을 가능하게 하기 때문에 누구에게나 어느 단계에서든 유익하고 새로운 체험이 될 수 있다. 마음을 비워 감으로써 얻을 수 있는 편견과 아집과 집착으로부터의 자유를 말한다. 그러면서 색안경을 벗어 버림으로써 세상을 새롭게 볼 수 있는 것과 같은 새로운 인식의 가능성을 체험하게 하는 것이다. 그런 인식의 가능성을 단계단계마다 새롭게 체험해 가면서 그 마지막 단계에서 체험하게 되는 것이 '깨달음'이라는 종교적 득도의 체험이라는 것이다.

이처럼 인식의 껍질을 벗겨 가는 체험은 반복될 수 있으며, 누구나 해볼 수 있는 체험이다. 일반화하여 말하자면 종교적 수행의 체험이라고 할 수 있다. 그러면서도 그와 같은 종교적 수행의 체험이 어느 단계에까지 이를 수 있느냐는 것은 사람마다 다를 수 있다. 수행의 조건에 따라 다를 수 있다. 그러나 그런 종교적 수행의 목표는 누구에게나 깨달음의 체험에 이르게 하는 것이라고 할 수 있다.

그런데 인식의 껍질을 벗겨 가는 종교적 수행의 길에 관련되어 있으면서도 깨달음이라는 체험과는 다른 차원, 다른 측면의 체험에 이르게 하는 길이 있다. 종교적 지혜의 길이라고 할 수 있는 것이며, 철학적 지혜의 길이라고 함으로써 철학이 종교와 만날 수 있는 체험적 가능성을 열어 주는 길이라고 할 수도 있다.

종교적 수행에서 인식의 껍질을 벗겨 가는 체험이 필요하고 가능한 것은 우리의 자아가 인식의 껍질로 이루어져 있기 때문이다. 역사적으로 형성된 것이며, 역사적 우연의 산물이라는 것이다. 자아가 존재하는 것은 그런 역사적 우연이 있기 때문이며, 그런 역사 속에서만 가능한 것이다. 개인적인 자아의 형성과 성숙 과정도 그렇고, 그런 개개인의 자아를 통해서 인간의 역사가 진화하는 과정도 그렇다. 인식의 껍질들로 만들어지는 개개인은 인류 역사의 과정에 필요한 요소들이라는 것이다.

왜 그런 인간의 역사가 있는가? 인류의 진화 과정이 왜 있는가? 인식의 껍질로써 자아를 만들어 가는 역사가 왜 있는가? 그것은 생명 세계 전체의 진화 과정에서 우리 인간이 등장하게 된 의미를 미루어 보아 생각해 볼 수 있다. 우리 인간의 등장은 한마디로 말하자면 인식 능력의 진화를 의미하는 것이다. 그러한 인식 능력이 인간의 문명사와 문화사를 가능하게 한 것이다. 인간의 문명사와 문화사의 의미는 무엇인가? 그것은 인간의 역사 속에서 인간의 인식 능력이 진화해 갈 수 있도록 하는 것이다. 종교적 지혜나 철학적 지혜는 인간의 인식 능력으로 도달할 수 있는 또다른 목적지이다. 소크라테스의 지혜, 노자의 지혜, 붓다의 지혜가 보여준 또다른 인식의 목적지이다. 인식의 껍질을 벗겨 가는 수행적 인식과는 다른 논리적 인식의 목적지이다. 논리적 인식의 성장과 성숙을 통해 이를 수 있는 지혜의 경지이다.

인간의 사유 능력이 진화한다는 것은 사유의 논리가 자연의 논리에 점점 더 가까이 접근해 간다는 것이다. 연역 논리적 사유가 수학의 언어와 수학의 논리로써 자연을 설명해 가는 것은 자연의 논리에서도 연역 논리가 차지하는 비중을 말해 준다. 하지만 자연은 이미 역사적 변화를 통하여 변증 논리의 필요성을 우리 인간에 가르쳐 주었으며, 전체와 부분의 관계를 통한 귀추 논리의 필요성도 가르쳐 주었다. 자연은 우리에게 귀납 논리로 말해 줄 때도 있고, 유비 논리로 말해 줄 때도 있다. 자연은 또 우리에게 실천 논리적 선택을 강요할 때도 있다. 뿐만 아니라, 자연은 우리에게 합리적인 설명과 이해로 접근하게 하다가도 그런 합리성의 논리만으로는 감당할 수 없는 모습을 드러내기도 한다. 정서의 논리에 따라서 정서적으로 표현하고 감동하고 이해해야 하는 자연의 모습이 있는 것이다. 예술의 언어와 예술의 논리로 접근하지 않을 수 없는 자연의 모습이다.

논리적 인식의 길에서 자연의 논리에 접근해 가고자 하는 사유의 논리는 이 모든 논리를 포함하면서도 여전히 자연의 신비를 말하지 않을 수 없게 한다. 사유의 논리가 부족하기 때문이다. 소크라테스의 지혜, 노자의 지혜, 붓다의 지혜를 충분히 설명할 수 있는 사유의 논리가 있을 텐데, 있어야 할 텐데 아직 우리는 그런 진화의 단계에 이르지 못하고 있다. 사유의 논리와 자연의 논리가 정합되는 지혜의 체험에 이르게 하는 논리적 인식은 여전히 역사적 과제로 남아 있다.

III

철학적

종교와 철학

종교 문화의 향기

종교와 철학의 함정

죽음의 초상화

종교와 철학

인간이 종교를 필요로 하는 이유 중에는 도피성이 있다. 현실로부터 도피하고 싶은 때가 있기 때문이다. 수도원으로 들어가는 것도 일종의 도피성이고, 출가하여 승려가 되는 것도 일종의 도피성이다. 속세를 떠난다고 한다. 더 이상 현실 세계에 얽매이지 않아도 된다는 것이다.

종교는 현실 세계와는 다른 세계를 열어 준다. 시공간적으로 현실 세계와 격리된 종교의 세계, 수도의 세계를 제공해 준다. 그러면서 종교적 체험을 통하여 현실 세계와는 다른 차원의 세계, 다른 체험의 세계를 보여주는 것이다. 그것은 개인의 체험이면서 종교적 수행을 함께하는 사람들이 공유하는 집단적 체험이다. 공동체적인 체험이다.

철학에는 그런 공동체적인 체험의 세계가 없다. 철학은 현실 세계를 떠나서 도피할 수 있는 세계를 제시하지 않는다. 철학자들은 공동체화나 집단화를 통한 그들만의 세계를 만들어 갈 수 없다. 철학이 종교화될 수 없다는 말도 그런 한계성을 의미하는 것이다. 제자들이 철학 교육을 받는 과정에서는 '아카데미' 같은 공동체가 있어야 하지만, 교육을 마친 제자들은 더 이상 그 공동체에 머물러 있을 이유가 없으며, 제각기 자신의 철학을 위해 독자적인 길을 떠나야 하는 것이다. 철학에서도 '학파'를 이룰 수는 있지만 그것은 종교적 교단과는 전혀 다른 성격의 유대 관계를 의미한다. 전통적인 동양 철학의 경우 종교와 철학이 혼합된 것 같은 인상을 주는 공동체화 또는 집단화가 가능한 경우도 있었다. 하지만 지금은 그런 동양 철학의 종교적 성향도 퇴색했거니와 철학으로서의 학문적 성향이 더욱 강하게 됨으로써 그런 집단화는 사실상 무의미하게 되었다.

철학에서 중요한 것은 현실 세계를 철학의 무대로 한다는 것이다. 철학자는 현실 속에서 살아야 한다. 현실 속에서 자신의 철학을 적용해 보아야 한다. 현실이 철학자의 실천을 요구할 때는 기꺼이 그런 실천에 참여해야 한다. 그러므로 철학자의 강의나 대화는 언제나 현실 세계에서의 문제로 시작하거나 그런 문제에 대한 의식으로 철학 사상을 펴 나가야 한다. 어떠한 고전적 철학을 소개할 때도 반드시 그것이 현실의 역사와 지금의 문화에 어떻게 관련될 수 있는가를 보여주도록 해야 한다. 고전적 철학을 그 자체만으로 해석해 버리는 것은 산 철학이 못된다. 철학에 무관심하도록 해버리는 경솔함과 무책임함이 되어 버린다.

최근에 대학마다 철학 강의가 폐강된다고 하는 것은 분명히 철학자들이 현실 세계의 문제와 관련된 철학을 내용으로 다루지 않기 때문일 것이다. 종교를 찾는 사람들은 현실 도피적인 욕구를 위한 동기를 가지고 있기 때문에 여전히 많은 사람들이 절이나 성당이나 교회로 모여든다. 설법이나 강론이나 설교가 너무 현실 문제에 치중하게 되면 오히려 부담스럽게 여기는 사람들이 있다는 것도 종교적 도피성의 필요를 말해 준다. 하지만 철학에는 그런 필요성의 요구가 없다.

그런데 종교가 철학을 만나야 할 때가 있다. 종교가 현실 문제에 대한 관심을 표현해야 할 때가 있기 때문이다. 개인의 영혼을 구원하는 것으로 그치지 않고, 종교적 체험을 바탕으로 하여 우리의 세계를 새롭게 하는 집단의 힘이 되게 하고자 할 때 종교는 철학을 필요로 하게 된다. 이념을 선택해야 하며, 역사관을 말해야 하기 때문이다. 오늘의 문명을 비판해야 하고 우리 문화의 방향을 이야기해야 하기 때문이다. 특히 종교는 공동체로서의 힘을 과시할 수 있으므로 사회적 영향력을 행사할 수 있다. 그런 힘의 과시를 위해서는 현실 역사에 대한 올바른 판단이 있어야 한다. 철학의 도움이 있어야 하는 것이다.

종교의 길과 철학의 길은 다르다. 길이 서로 다르기 때문에 종교도 살아 있을 수 있고 철학도 살아 있을 수 있다. 철학이 종교의 흉내를 내는 것도 안 되고, 종교가 철학의 흉내를 내는 것도 안 된다. 하지만, 철학과 종교는 서로의 다른 길에 관심을 두고 존경할 수 있어야 한다. 종교는 철학으로부터의 비판을 수용할 수 있어야 하고, 철학은 종교적 체험의 세계를 현실 세계와의 관계 속에서 이해하고자 노력해야 한다. 종교적 도피를 위한 세계가 현실 세계와 무관한 것이 아니라는 뜻이다. 예술의 세계가 현실 세계와 관련되어 있는 것처럼 종교적 체험의 세계도 그런 의미에서 철학적 관심의 대상이 될 수 있는 것이다.

종교의 길과 철학의 길이 다를 수밖에 없는 또 한 가지 측면은 현실 역사의 변화에 대한 입장과 관점에 있다. 종교는 보수적이고 철학은 진보적이다. 종교가 역사 발전에 대해서 보수적인 까닭은 종교 교단이 역사의 변화에 적응해야 하기 때문이다. 역사가 너무 급변하게 되면 종교 교단이 그것에 적응해 갈 수 없기 때문이다. 종교 교단은 교리로 유지되고 권위주의로 지켜진다. 변할 수 없는 진리를 지켜 간다는 믿음을 주는 교리이고 그 교리를 바탕으로 하여 종교 교단을 지켜 가는 지도자에게 부여된 권위이다.

역사의 진보를 내세우면서 혁명을 일으킨 정치 세력이 정당 조직을 통해 통치를 하게 되면 정치적 보수주의를 받아들이게 되는 것도 종교의 보수주의와 같은 것이다. 종교적 교단을 지켜야 하는 것처럼 정당을 지켜야 한다. 종교적 권위주의가 필요한 것처럼 정치적 권위주의가 필요한 것이다. 혁명에서 약속한 정책을 이행하기 위해서는 정당 정치를 유지해 나가야 하는 것이다. 정책은 변화와 개혁을 추구할 수 있으나 정권에 대해서는 또 다른 변화, 즉 혁명을 허용할 수 없게 되는 것이다. 정치적 민주화는 허용될 수 없는 것이다. 옛 소련의 공산주의 체제가 무너져 버린 것은 정치적 민주화를 받아들였기 때문이었다. 소련의 공산당은 종교적 교단에 비유될 수 있는 이념과 권위의 조직체였던 것인데 정치적 민주화를 시도함으로써 순식간에 와해되지 않을 수 없는 운명이 되어 버린 것이다.

절대군주 체제가 유지될 수 있었던 것은 권위주의와 보수주의의 힘 때문이다. 따라서 정치적 민주화를 이상으로 하는 철학은 그런 군주 체제에 실질적 도움이 될 수가 없다. 철학의 진보주의와 자유주의는 군주 체제의 정치를 가능하게 하는 보수주의와 권위주의를 지지해 줄 수가 없다. 철학자는 군주가 될 수 없고, 군주는 철학자가 될 수 없음을 말한다.

종교와 철학의 관계도 보수주의와 진보주의의 관계로 구별된다. 권위주의와 자유주의의 관계로 구별된다. 역사 발전에 대한 종교와 철학의 이러한 차이를 인정해야 할 것이며, 그런 차이 때문에 서로가 대화를 할 수 있어야 하는 것이다. 종교적 보수주의와 철학적 진보주의가 공존함으로써 역사 발전에 함께 기여할 수 있다는 것이다.

종교 문화의 향기

종교적 진리는 우리를 자유롭게 해준다. 하지만 종교적 진리의 표현 중에는 과학적 진리와 모순되는 부분이 있으므로 과학의 비판을 받게 되고 과학적 검증을 기다리지 않을 수 없는 것도 있다. 역사 속에서의 종교는 역사 발전과 함께 성숙해 가면서 조정을 해 가지 않을 수 없다. 과학의 대상 영역이 확장해 가는 역사의 발전 과정을 종교가 받아들이고 적응해야 하는 것이다. 그러나 이런 조정과 적응을 종교의 위축으로 생각해야 할 이유는 없다.

종교적 진리를 절대시하는 것은 문제가 된다. 절대 진리를 우리 인간의 인식 능력과 인간의 언어로 표현하면서 그렇게 표현된 종교적 진리가 절대적이라고 생각하는 것은 잘못이다. 종교 자체가 역사 속에서 생겨났고, 역사와 더불어 성장했고, 앞으로도 역사와 함께 성숙해 가야 한다는 사실을 망각해서는 안 된다.

종교의 윤리적 영향력을 생각해 봐도 역사와 더불어 그 영향력이 변해 가고 있음을 이해할 수 있다. 아직도 한 사회의 윤리 문제를 그 사회의 지배적 종교에 맡기고 있는 곳이 있다. 하지만 많은 사회에서 종교는 이미 그런 윤리적 책임을 질 수 없게 되었다. 철학적 윤리가 대신하고자 해봤으나 역시 역부족이라는 사실이 드러났다. 오늘날의 사회는 너무 급속히 변화하고 있으며, 너무 다양화되어 가고 있기 때문에 윤리적 질서를 기존의 종교적 윤리나 철학적 윤리로 지켜 나갈 수 없게 되어 버린 것이다.

종교의 사회적 영향력은 여전히 교단의 조직과 기구에 있다. 사회적 집단으로서의 영향력이 정치와 경제의 힘으로 작용한다는 것이다. 종교의 정치력과 경제력 때문에 아직도 십자군 전쟁을 할 수 있는 종교를 생각하는 사람들이 있다. 군사적 점령과 지배처럼 종교적 점령과 지배를 할 수 있다고 생각하는 사람들이 있다.

종교적 진리에 대해서도 실용주의적으로 생각하는 경향이 지배적이라고 할 수 있다. 다시 말하자면, 종교의 조직과 기구가 확장되고 강하게 된다는 사실을 그 종교의 진리에 대한 증거로 생각하려는 경향이 있다는 것이다. 진리를 그것의 결과적인 영향력으로, 그것의 효과로 검증할 수 있다는 생각을 말한다. 교세가 확장되는 것은 그 종교의 진리를 입증한다는 생각 때문에 수단 방법을 가리지 않는 포교 전략을 세우고 있다는 것이다. 종교가 정치 세력과 경제 세력을 이용하기 위해 야합하는 현상이 그런 것이다.

진리에 대한 실용주의적 검증은 사실에 근거한 검증과 체계적 · 정합적 검증을 토대로 하면서 추가적인 검증의 의미를 갖는 것이다. 사실적이고 정합적인 진리이기 때문에 실용적인 효과로 나타나게 된다는 것이다. 거짓말이 실용적인 효과를 가져올 때가 있지만, 그렇다고 거짓말이 참말로 확인되는 것은 아니다.

교세의 확장이라는 결과로써 종교적 진리를 입증하겠다는 전략은 일시적인 성과를 가져올 수는 있겠지만, 결국 안으로부터 썩어 들어가는 종교가 될 수밖에 없을 것이다. 조직과 기구의 힘으로 사람들을 지배해 갈 수는 있겠지만, 진리로써 마음을 잡을 수 없는 종교는 결국 안으로부터 허물어져 갈 수밖에 없는 것이다. 종교의 참된 힘은 진리를 믿고 체험하는 마음에 있기 때문이다.

역사 속에서 성숙해 가야 하는 종교가 정치나 경제와 무관할 수는 없지만 종교가 본래 귀속할 수 있는 영역은 문화의 세계이다. 정치력이나 경제력 또는 군사력이 지배하는 문명의 세계와는 구별되는 문화의 세계이다. 예술과 철학이 종교와 함께 창조해 가는 문화의 세계이다. 과학이 참여할 수 있는 영역이지만 과학의 기술화는 문명의 힘으로 거의 절대적인 영향력을 미치고 있기 때문에 과학기술과 과학 문화를 엄격히 구별하지 않는한 과학은 문명의 세계를 떠날 수 없다. 과학이 예술과 만나고, 종교와 만나고, 철학과 만나서 함께 문화 창조에 참여할 수 있는 가능성은 미래 역사의 과제로 남아 있다.

종교의 문화적 영향력이란 어떤 것인가? 가장 직접적 영향력은 함께 살아가는 사람들을 통한 종교적 문화의 체험에서 온다. 불교인에게서 느끼는 특이한 문화적 향기가 그런 것이다. 가톨릭 신자에게서 느끼는 독특한 매력이 있다. 개신교 신자에게서 느끼는 것은 가톨릭 신자에게서 느끼는 것과 다른 문화적 향기이다. 이런 종교적 문화의 향기는 개인적 성품의 매력과 다른 것이다. 불교도이기 때문에 공통적으로, 일반적으로 갖게 되는 문화적 특징을 말하는 것이다. 그런 종교적 매력, 종교 문화적 향기의 특징 때문에 우리는 그 사람이 불교도라는 것을, 가톨릭 신자라는 것을, 또는 개신교 신자라는 것을 알아보게 된다. 문화적 정체성이라든가 문화적 특이성이 종교 문화의 힘으로 나타난다는 것이다.

우리는 제각기, 그러면서 집단적으로 우리의 문화적 공간을 만들어 간다. 우리 각자의 종교는 그런 문화적 공간에서 특이한 종교적 향기를 발할 수 있게 해준다. 다양한 종교적 배경은 다양한 종교적 향기가 서로 조화를 이룰 수 있게 해줌으로써 더욱 아름답게, 더욱 매력적으로 느낄 수 있도록 해주는 것이다.

이러한 문화적 향기, 즉 종교적 향기는 종교 음악을 통해서, 종교 미술, 종교 건축을 통해서도 우리의 문화 공간을 더 아름답게 더 의미 있게 해준다. 그런데 이런 문화 공간에서 중요한 것은 아무도 그 공간을 지배하지 않는다는 것이다. 지배적인 것은 추하다. 향기가 될 수 없는 악취이다. 건축물이 공간을 지배하게 되면 조형적 아름다움이 추함으로 변한다. 음악이 공간을 지배하게 되면 시끄러운 소음이 된다. 모든 예술에서 절제가 필요한 것은 서로를 수용하는 조화의 아름다움 때문이다. 철학에서도 그렇고 종교에서도 그렇다.

종교의 토착화는 기존의 문화를 수용하는 조건을 말한다. 하느님이, 예컨대, 인간의 역사 속에서 자신의 뜻을 전하는 종교를 만들고자 했을 때는 마땅히 그 시대 그 문화의 언어를 통해서 그 뜻을 전했을 것이다. 한 문화권의 종교가 다른 문화의 공간으로 전파될 때도 그와 같은 문화적 수용의 조건은 필수적이다. 문화적으로 적응하고자 해야 한다는 것이다. 군사적으로 점령하고 문화적으로 지배하고자 한 십자군 전쟁 같은 과오를 다시는 범하지 말아야 한다는 것이다.

문화적 다원주의의 시대는 종교의 공존을 불가피하게 한다. 종교적 진리의 체험은 종교마다 다르고 개인마다 다를 수 있다. 종교적 체험의 가장 깊은 곳에서는 영혼의 체험에 이르게 되는데, 그런 영혼의 체험이 마음의 언어로 표현될 때는 이미 문화적 특수성의 영향을 받게 되는 것이다. 불교적 언어가 있고, 기독교적 언어가 있다. 또한 그런 마음의 언어가 행동으로 표현될 때는 다시 종교 문화적 특징의 영향을 받게 된다. 불교인의 매력과 향기로, 가톨릭 신자의 매력과 향기로 표현이 되고 전달이 된다는 것이다.

정치 권력과 경제력을 무시할 수 없는 것은 역사 속에서 살아가야 하는 종교의 조건 때문이다. 생존 조건이라고 할 수 있다. 그러나 필요 이상으로 정치나 경제에 집착하는 종교는 그 본연의 문화적 책임에 역행할 수 있다. 또한 종교적 진리를 철학적으로나 과학적으로 정당화하겠다는 욕심도 불필요한 종교적 논쟁에 휩싸이게 한다. 그뿐이랴, 종교적 윤리에 대한 기대는 실망만 가져온다. 종교가 우리에게 유익하고, 희망을 줄 수 있는 것은 종교의 문화적 영향력 때문이다. 종교인의 매력, 종교인의 향기, 종교인의 아름다움과 그들의 영혼으로 만들어 내는 종교 예술에서 우리는 종교적 진리를 엿볼 수 있다. 종교적 체험의 힘이 표현되는 바를 느낄 수 있다. 종교적 분위기의 공간을 살아갈 수 있다.

문화의 공간을 향기롭게 하는 종교인들을 이따금 만날 수 있다는 것은 행복한 체험이다. 그런 예술가들은 더 자주 만날 수 있어서 좋다. 하지만 철학자의 문화 공간은 어떠한가? 철학 강의에서, 철학자와의 대화에서 향기를 느낀다는 사람이 있는가? 철학의 문화 공간에는 왜 향기가 없어졌는가? 너무 오랫동안 과학을 닮고자 했기 때문인가? 철학자는 본래 수도자가 될 수도 있었고, 예술가가 될 수도 있었는데 현대 철학이 철학자를 종교나 예술로부터 단절시켰기 때문인가?

종교와 철학의 함정

1.1 종교를 잘못 믿어서 위선자나 현실 도피자가 되는 사람이 있다.

1.2 철학을 잘못 해서 궤변자나 관념론자가 되는 사람이 있다.

1.3 위선이나 현실 도피가 심하게 되어 뇌의 기능에 이상이 생기면 종교 때문에 미친 사람이 된다.

1.4 궤변이나 관념론이 심하게 되어 뇌의 기능에 이상이 생기면 철학 때문에 미친 사람이 된다.

2.1 한편, 예술을 잘못해서 이상하게 된 사람은 없는 것 같다.

2.2 과학을 잘못해서 이상하게 된 사람도 없는 것 같다.

2.3 예술이나 과학 때문에 미친 사람은 없다.

2.4 하지만, 예술을 종교적으로 이해하거나 철학적으로 해석하고자 집착하다가 이상하게 된 사람은 있다.

2.5 과학을 종교적으로 이해하거나 철학적으로 해석하는 일에 지나치게 집착하다가 이상하게 된 사람은 있다.

3.1 예술이나 과학이 종교와 철학을 무시할 수는 없다.

3.2 종교 예술이 가능한 것은 예술을 종교적으로 이해할 수 있음을 말해 준다.

3.3 하지만, 종교 예술은 종교적 내용을 예술적 방법으로 표현하는 것이므로, 종교를 위한 예술의 응용을 말할 뿐이다.

3.4 예술 그 자체를 종교적으로 이해하고자 할 때는 종교가 도구화되어 다양한 종교적 해석의 가능성을 보여주어야 한다.

3.5 특정 종교의 틀에 맞추어 예술을 해석하는 것은 예술을 죽이는 짓이므로 예술가를 미치게 할 수 있다.

3.6 예술을 이해하기 위한 종교를 고려한다면 모든 가능한 종교를 생각해 보는 종교적 인식의 보편성을 받아들여야 한다.

3.7 예술가의 자유를 제한하지 않을 수 있는 종교적 인식이 필요하다.

4.1 예술 철학은 예술을 이해하기 위한 철학이다.

4.2 그러나 철학자는 예술가가 아니기 때문에 철학적 인식의 틀에 맞추어 예술을 해석해 버린다.

4.3 철학자의 예술 이해가 예술가에게 별 의미를 주지 못하는 이유다.

4.4 한편, 예술가가 자신의 예술을 철학적으로 설명해 보고자 할 수 있는데, 만일 철학자의 예술 철학에 의존하여 그런 시도를 해 본다면, 그것은 예술을 죽이는 것이 되고 만다. 예술을 죽이는 예술 철학이기 때문에 예술가 자신이 그런 분별을 못하게 될 때 미칠 수

있는 것이다.

4.5 예술을 충분히 설명해 줄 예술 철학은 없으므로 예술가는 그런 철학적 함정에 빠지지 않도록 유의해야 한다.

5.1 특정 종교를 과학적으로 설명하고 정당화하고자 하는 시도는 계속되고 있다. 과학적 진리에 대한 신뢰와 과학적 검증 방법에 대한 믿음 때문일 것이다.

5.2 특정 종교를 과학적 종교로 내세우는 경우는 결국 과학을 왜곡하고 확장 해석하는 과오를 내포하게 된다. 과학적 진리와 과학적 검증 방법을 잘못 이해한 데서 오는 오류가 되고 만다.

5.3 한편, 그런 특정 종교를 받아들이고 있는 과학자들 중에는 과학의 세계를 연장시켜서 종교적 진리를 포함해 보고자 하는 유혹을 받는 사람이 있다.

5.4 과학이 설명하는 세계를 바탕으로 하면서 종교적 체험의 세계로 비약할 수밖에 없는 중층적 관계를 무시하고, 종교적 진리가 과학적 진리로 환원 설명이 될 수 있는 것처럼, 그것도 과학자의 입장에서 주장을 하고자 할 때 정신이상이라는 한계 상황까지 이를 수 있다.

5.5 과학화될 수 있는 종교는 종교로서 필요없는 무용물이 된다. 종교적 진리를 설명할 수 있는 과학을 꿈꾼다는 것은 과학의 한계성을 무시하는 착각일 뿐이다. 지금의 과학은 말할 것도 없고, 미래 과학에서 그런 설명력을 기대한다는 것조차도 과학의 한계성을 무시하는 처사가 된다.

6.1 과학 철학은 현대 철학이 성취해 낸 중요한 업적을 말해 준다. 과학적 탐구의 방법을 기호 논리의 공식으로 설명할 수 있음을 알아낸 업적이다.

6.2 과학적 진리가 철학적 논리의 힘으로 발견되어 간다는 사실은 철학이 탐구하고자 하는 진리를 과학적 진리의 범주 안에 포함시켜 버리고자 하는 유혹을 받게 한다. 지금의 과학이 받아들일 수 없는 철학적 진리는 미래의 과학이 확인해 줄 수 있는 것으로 인정할 수 있다는 것이다. 철학에서의 인식론이 과학 철학에서의 방법론으로 대치될 수 있다는 것이다.

6.3 철학에서의 과학주의는 과학자들을 과대망상증에 빠지게 했다. 과학자들이 철학을 맡아서 할 수 있고, 예술 · 문화 · 종교 · 윤리 등의 문제도 과학을 연장시킨 과학적 세계관 안에서 다룰 수 있다고 믿게 한 것이다.

6.4 과학자들의 과대망상증은 그들이 다루어 본 종교 · 철학 · 문학 · 예술 · 윤리 등의 문제에서 잘 드러난다. 결국 문제 영역을 축소시켜서 과학의 세계에 맞도록 해석해 본 것에 지나지 않는다는 것이다. 과학자가 현대 과학이 허용하는 대상 세계의 범위를 벗어나고자 할 때는 영역의 혼동에 특별히 유의해야 한다. 핵무기의 시대를 열어 준 것은 과학의 힘이지만, 핵무기의 세계를 책임질 수 있는 것은 과학자만의 일이 아니다. 생명 복제의 시대를 열어 주고 있는 것은 과학의 힘이지만 생명 복제의 가능성이 가져올 우리 세계를 책임질 수 있는 것은 과학자만의 일이 아니다.

6.5 과학 철학의 업적에 현혹될 수 있었던 것은 연역 논리로 모

형화할 수 있었던 탐구의 방법론 때문이었다. 질서 정연한 법칙의 세계를 대상으로 하는 과학의 탐구 방법이므로 연역 논리가 적용될 수 있었던 것이다. 그러나 그것은 곧 과학적 방법의 한계를 말하는 것이었다. 우리의 세계는 법칙적 질서, 선형적 공식으로 표현 가능한 법칙적 질서의 세계로 제한될 수 없다. 다양한 비연역 논리가 적용되는 자연 현상을 종교 · 철학 · 문학 · 예술이 설명해 주고 있다. '사회과학', '역사과학', '문화과학'이란 표현을 쓰지만 '과학'이란 말이 애매하고 모호하다. 불안하게 한다. 과학 언어라고 하는 수학이 아직 연역 논리로 제한되어 있기 때문이다.

6.6 과학에 관한 철학은 이제 과학의 한계를 명확히 해주어야 한다. 그것은 논리적 한계를 명확히 해야 하는 문제이다. 철학이 그런 역할을 해줄 때 과학자들이 과학에 대한 과대망상증에 빠지지 않을 것이다. 철학자가 철학을 과학에 넘겨 주고 나면 자신은 관념론자나 궤변가가 될 것이며, 과학자들 중에는 과대망상증으로 미치는 사람이 나올 것이다.

죽음의 초상화

종교가 꼭 필요한 이유의 하나는 죽음에 대한 감정을 처리해 주기 때문이다. 종교는 죽음 이후의 저 세상을 받아들이게 함으로써 죽음으로 모든 것이 끝난다는 생각을 하지 않을 수 있게 한다. 죽음에 대한 우리의 감정이 너무 강하기 때문에 종교에서 말하는 저 세상을 믿지 않을 수 없게 되는 것이다. 믿고 싶기 때문에 믿게 되는 저 세상이라고 할 수 있다. 감정의 요구가 너무 강하기 때문에 지성적인 의심이 양보를 하지 않을 수 없는 믿음인 것이다. 그런데 이러한 지성적인 양해를 가능하게 하는 또 한 가지 요인은 저 세상의 추상화에 있다.

저 세상은 우리가 체험할 수 없는 곳이다. 이 세상에서와 같은 체험의 대상이 될 수 없는 곳이다. 만일 저 세상이 이 세상에 연결된, 이 세상의 연장에 불과하다면 그것의 존재 문제를 지성적으로 판단하지 않을 수 없을 것이다. 하지만 저 세상은 이 세상을 초월하여 존재하는 것으로 되어 있다. 저 세상에 대해서 말할 수 있는 것은 모두 추상화되어 있다. 꿈 속의 영상들이 추상화되어 나타나는 것과 같다. 구체적인 체험 내용을 허용하지 않는 저 세상이라고 하기 때문에 경험적 사실로 반증을 할 수가 없다. 지성적인 거부의 근거를 주지 않는다는 것이다.

추상화된 저 세상을 받아들임으로써 죽음에 대한 감정을 처리할 수 있게 된다는 사실은 또 다른 방법의 추상화를 생각하게 한다. 죽음에 대한 구체적인 사실들을 우리의 관심으로부터 제외시키는 방법의 추상화를 생각하게 한다.

누가 죽었느냐를 문제시하지 않을 수 있다. 언제, 어디서 죽었느냐를 생각하지 않을 수 있다. 무엇으로, 왜 죽었느냐도 관심에서 제외시킬 수 있다. 누가, 언제, 어디서, 무엇으로, 왜 죽었느냐는 등의 구체적인 사실들을 무관심으로 하고, 어떻게 죽었느냐만을 관심 문제로 추상화할 수 있다는 것이다. 그림에서의 구상화와 추상화를 비교하여 생각해 보는 것과 같다. 구상화에서의 구체적인 대상들을 지워 버림으로써 관심을 갖지 않도록 할 수 있다. 그러면서도 그 그림의 대상 세계에서 느낄 수 있었던 독특한 분위기만을 추상화하여 표현할 수 있다. 이러한 추상화는 그 대상 세계에 대한 다양하고 복잡한 감정적 반응을 단순화시켜 줄 수 있다. 단순화를 통하여 더 강하고 진하게 표현해 줄 수 있다. 구체적인 대상 세계에 대한 감정을 예술적인 감정으로 승화시켜 줄 수 있다.

누가 죽었느냐? 언제, 어디서 죽었느냐? 무엇으로, 왜 죽었느냐? 이런 구체적 문제에 대한 관심을 접어 두고, 어떻게 죽었느냐에만 추상화하여 생각하게 될 때, 죽음에 대한 우리의 감정도 승화될 수 있을 것이다. 추상화를 보는 것처럼 예술적으로 승화될 수 있을 것이다.

이처럼 어떻게 죽었느냐만을 추상화하여 개념화해 보면 적어도 아래와 같은 표현들이 가능하다.

가련한 죽음
애석한 죽음
허망한 죽음
처량한 죽음
초라한 죽음
고독한 죽음

억울한 죽음
비굴한 죽음
비통한 죽음
비운의 죽음
참혹한 죽음
한맺힌 죽음

용감한 죽음
의로운 죽음
속죄의 죽음
살신의 죽음
장엄한 죽음
숭고한 죽음

당당한 죽음
태연한 죽음
편안한 죽음
조용한 죽음
깨끗한 죽음
사라진 죽음

어떻게 죽을 것인가를 자신이 선택할 수 있는가? 운명적으로 죽음이 찾아올 때는 선택의 여지가 없을 수 있다. 선택의 여지가 주어지는 경우에는 어떻게 죽느냐가 자신에게만이 아니라 자신의 죽음에 깊은 관심을 갖게 될 다른 여러 사람들에게도 중요하다. 자신의 죽음을 어떻게 추상화하여 보여줄 것인가를 선택하는 것이 중요하다. 어떻게 죽느냐를 한 폭의 추상화 그림으로 표현할 수 있다면 어떤 색깔의 분위기로 그릴 것인가를 선택하는 문제가 된다. 어떻게 죽느냐를 다양하게 개념화해 본 것처럼, 각각의 개념에 맞는 색을 찾아서 '죽음의 색깔'을 배열해 보는 것도 죽음의 추상화를 더욱 훙미롭게 할 것이다. 죽음에 대한 우리의 감정을 승화시켜 주는 추상화가 될 수 있게 할 것이다.

IV

철학적

행복의 카오스

위기 상황의 대처 논리

적응 능력

악화와 양화

행복의 카오스

1. 행복은 개인의 가치 체험이다. 모든 가치에는 역가치가 있듯이 행복에도 불행이 있다. 이러한 행복, 또는 불행의 체험은 다른 어떤 체험에 대한 평가적 체험이다. 수반되는 가치 체험이다. 다른 어떤 체험에 수반되는 이차적 체험이다. 그림자 체험과 같은 것이다. 이처럼 행복의 체험은 개인적인 것이며 주관적인 것이고 수반적인 것이며 이차적인 것이다.

2. 행복의 체험은 다른 어떤 체험에 수반되는 체험이므로, 행복의 체험이 또 다른 어떤 체험을 위한 수단이 될 수는 없다. 행복을 위해서, 즉 행복을 수반하게 하기 위해서 어떤 체험을 추구할 수는 있지만, 행복이 또 다른 가치를 수반하는 수단이 되게 할 수는 없다. 행복이 또 다른 행복을 수반하게 하는 것은 아니다.

3. 행복을 수반하게 하는 체험을 좋은 것으로, 만족하는 것으로, 보람된 것으로, 또는 의미 있는 것으로 말할 수도 있다. 행복의 가치를 다른 여러 가지 가치와 관련시켜서 표현할 수 있다는 뜻이다. 가치 체험의 여러 개념들이 '가족적 유사성'으로 서로 연관되어 있음을 말한다.

4. 결혼 생활이 행복한가? 직장 생활이 행복한가? 이런 질문은 주체적 행복의 체험을 말하면서도 그런 체험들에 대하여 일반화하고 추상화한 대답을 요구하는 것이다. 직장 생활이나 결혼 생활의 다양한 체험들에 수반되었던 행복의 체험들 또는 불행의 체험들을 일반화해서 말해 보라는 뜻이다. 따라서 그렇게 일반화되고 추상화된 행복의 가치는 고정될 수가 없다. 구체적인 행복의 체험들을 어떻게 일반화하고 추상화할 것인가를 고정할 수 없다. 다양한 방법의 일반화가 가능하기 때문이다. 고정할 수 없는 것을, 그렇게 일반화되고 추상화된 것을 관념화하여 믿어 버리는 것이다. 스스로 자신의 결혼 생활이나 직장 생활이 행복하다든지 불행하다고 믿어 버리기로 하는 것이다. 하지만 이런 관념화된 믿음은 구체적인 행복 체험에 의해서 끊임없이 확인되어 가기도 하고 부정되어 가기도 해야 하므로 그대로 고정시켜 둘 수만은 없다. 관념의 힘보다는 체험의 힘이 더 강하기 때문이다.

5. 결혼할 때는 누구나 서로의 행복을 약속하지만 그 약속대로 행복하게 되는 결혼 생활은 없다. 배우자를 선택할 때는 누구나 행복의 가능성을 예측하면서 결정하지만 그 예측이 맞아들어가는 경우는 없다. 행복에도 법칙이 있다면 그것은 선형적 공식으로 표현될 수 있는 법칙은 아닐 것이다. 예측이 맞지 않고 약속이 지켜질 수도 없으므로 그것은 비선형적 공식으로 표현되는 일종의 카오스적 법칙일 것이다. 카오스 현상은 역사적으로 변화하는 현상이다. 항상 몇 가지 가능성이 열려 있는 현상이다. 그러므로 선택을 해야 하고, 선택의 자유가 허용되는 역사적 현상이다. 그러면서도 그 나름

의 법칙적 질서가 있기 때문에 행복에 대한 약속도 해보고 예측이나 기대도 해볼 수 있는 것이다. 하지만 그것은 카오스 현상으로서의 질서라는 한계를 벗어날 수 없다. 불확실성을 배제할 수 없는 질서라는 것이다.

6. 누구나 자신이 체험하는 행복의 가치를 자기 안의 다른 행복의 가치와 비교해서 말할 수는 있다. 지금은 더 행복하다든지 덜 행복하다고 말할 수도 있고, 더 불행하다든지 덜 불행하다고 말할 수도 있다. 엄밀하게 말하자면, 자신의 행복은 자신만이 말할 수 있는 것이다. 다른 사람의 행복은 짐작해서 말할 수 있지만 그렇게 할 수 있는 정확한 근거나 기준은 없다. 행복은 주관적인 것이고 개인적인 것이다. 객관적으로 평가할 수 없는 체험적 가치이다. 행복은 주관적이면서도 역사적으로 변화하는 카오스 현상이라고 할 때, 보편적이면서 객관적인 기준으로 행복을 측정한다는 것은 사실상 불가능한 일이다. 일반화하여, 사람들이 어느 정도의 행복을 체험하는 조건인가를 말하고자 하지만, 그런 때에도 결국은 개개인에게 물어서 답을 얻는 방법을 대신할 수는 없다.

7. 공리주의는 최대 다수의 최대 행복을 윤리적 목적으로 한다는 이론이지만 그런 최대의 행복을 지향하기 위한 현실적 행복의 양을 측정해야 한다는 문제를 안고 있다. 개개인들에게 물어서 행복의 정도를 수량화하고 그런 행복의 사회적 총화를 계산해 내어야 하는 문제가 제기된다는 것이다. 우선 개인의 행복은 질문을 받았을 때의 행복이 그대로 유지될 수가 없다. 일반화하고 추상화한 대답일지라도 고정시킬 수가 없다. 그런 카오스적 변화의 현상을 수

량화하여 사회적 총화를 계산해 낸다는 것은 무의미한 노릇이다. 따라서 최대 다수의 최대 행복을 지향하면서 현실적인 행복의 총화를 측정하는 방법은 측정하는 사람의 의도대로 조작되는 결과를 가져올 가능성이 크다. 비슷한 측정의 문제가 개입되긴 하지만, 최소수의 최소 불행을 지향하면서 불행의 총화를 측정해 보고자 하는 것이 좀더 현실적인 방법일 수 있다. 하지만 여기서도 측정하는 사람의 조작이 작용할 수 있으므로 결과는 무의미할 수 있다.

8. 최대 다수의 최대 행복은 관념적이다. 조작적일 수도 있다. 공허한 기준이 될 수 있다. 따라서 행복의 가치를 윤리적 판단의 기준으로 하고자 한다면 개인의 행위 문제로 접근하는 것이 더 실제적일 수 있다. 개인의 덕성을 윤리적 판단의 기본으로 한다는 것이다. 그러니까 남들에게 행복을 더해 주는 행동을 하는 사람과 불행을 더해 주는 행동을 하는 사람을 구별한다는 것이다. 행복을 더해주는 것은 미덕으로, 불행을 더해 주는 것은 악덕으로 구별한다는 뜻이다. 예컨대, 자신의 죽음에 대해서도 고령의 말기 환자로서 죽음을 기다릴 수밖에 없는 처지인데도 생명을 연장하는 것에만 집착하여 가족의 원망을 사게 된다든지, 가족에게 주는 경제적 부담과 정신적 압박으로 저주스러운 연명이 되어 버린다는 것은 불행만 더해 주는 악덕이다. 그 대신, 스스로 죽음의 선택에 대한 판단을 할 수 있을 때 자유롭게 선택하여 품위 있게 죽는 것은 행복을 더해 주는 미덕으로 평가될 수 있다.

9. 사회적으로 볼 때, 다른 사람들을 행복하게 해주는 미덕의 사람들이 더 많아질수록 행복한 사회가 될 것이며, 다른 사람들을 불

행하게 하는 악덕의 사람들이 더 많아질수록 불행한 사회가 될 것이다. 그런데 사람들을 행복하게 해주거나 불행하게 해주는 것에는 개인의 행위만이 문제가 되는 것이 아니다. 사회 구조 · 제도 · 정책이 문제가 되기도 한다. 관습이 문제가 될 수도 있다. 이런 사회적 조건들을 고쳐 가는 것은 개인의 행동만이 아닌 집단적 행동을 필요로 한다. 따라서 참여하는 사람들 개개인의 미덕을 말할 수 있으면서 또한 집단적 행위의 미덕을 말할 수도 있는 것이다. 그런데 그런 집단적 행위에 의한 사회적 조건의 개선이 그대로 개개인들의 행복으로 이어질 수 있는 것처럼 속단해서는 안 된다.

예컨대, 잔인무도한 살인자나 폭행자를 그 사회가 법의 심판에 따라 처벌하는 것은 당연하다. 살인을 당한 사람이나 폭행을 당한 사람의 불행만이 아니라 가족으로 관련된 사람들의 불행까지 고려해서 엄한 처벌을 하지 않을 수 없는 것이다. 사형 제도가 불가피한 충분한 이유가 될 수 있다는 뜻이다. 하지만 그런 사회적 처벌이 얼마만한 불행에 대한 응분의 처벌인가를 계산할 수 있는 방법은 없다. 행복과 불행의 가치를 객관화할 수 없기 때문이다. 그런데도 그런 불확실성, 즉 카오스적인 불확실성을 인정하면서도 불행의 요인을 제거하기 위한 사회적 행위는 계속될 수밖에 없다. 더 행복한 사회를 위한 사회적 미덕을 쌓아갈 수밖에 없는 것이다.

사형 선고를 공리주의적 계산으로 정당화할 수 있는 행복과 불행의 측정 기준은 없지만, 행복의 가치나 불행의 역가치를 일반화하여 비교하는 것은 그나마 수긍할 수 있으므로, 눈은 눈으로, 이는 이로, 생명은 생명으로라는 공정의 원리에 따라서 사형 선고를 내릴 수는 있다는 것이다. 그러나 바람직한 것은 사회가 발전하면서, 사회적 미덕이 쌓여 가고, 개인적 악덕이 제한되고 약화됨으로써 공정의 원칙으로도 사형 선고가 필요없는 행복한 사회가 실현되는 것이다.

10. 행복은 시간 문제라고도 한다. 시간에 따라 행복의 체험이 변한다는 뜻이다. 아무리 큰 불행도 시간이 지나면서, 또 세월이 바뀌면서 잊혀지게 될 수 있다고 한다. 행복은 역사적 현상이고, 카오스적 현상이다. 언제 어떻게 행복이 찾아올지도 모른다는 것이다. 불행을 만나는 것도 그렇다. 언제나 다음의 역사적 길목에서 불행을 만날 수도 있다는 것이다. 또한 같은 종류의 체험이지만 행복이 수반될 때도 있고 그렇지 않을 때도 있다. 행복이 수반되리라고 예상한 일에 불행이 수반될 수도 있고 반대로 불행을 예감했던 일에 행복이 찾아오는 수도 있다. 역사적 가능성을 믿어야 하고, 카오스적인 예측 불허의 질서를 받아들이고 적응해야 하지만 불안할 수밖에 없다. 역사적 가능성이 우리 인간에게 부여해 주는 자유이면서, 카오스적인 행복의 법칙이 불가피하게 하는 불안이다. 따라서 불행의 가능성으로부터 자유로워지고, 행복에 대한 불안으로부터 자유로워지고자 하는 것은 자연스러운 인간의 소망이다.

11. 변화하지 않는 행복, 영원한 행복을 약속하는 것이 천국이고, 극락이다. 완전한 자유가 실현된다고 하는 곳이 유토피아이다. 이 세상에서는 실현될 수 없는 영원한 행복이고 완전한 자유임을 누구나 알 수 있으므로 저 세상을 말한다. 현실 세계에서는 존재할 수 없다는 의미의 유토피아를 말한다. 과연 종교가 그런 천국과 극

락을 약속해야 하는 것일까? 사실은 어떤 종교도 그런 믿음을 강요하지 않지만, 사람들이 천국이나 극락을 믿고 싶어하기 때문에 종교가 그런 기능을 하는 것일까? 현실 역사에서는 불가능한 완전한 자유의 세계도 이념적 이상으로 필요하기 때문에 사람들이 믿게 되는 것일까?

12. 천국이나 극락에는 역사가 없다. 가능성에 의한 변화가 없다는 뜻에서 영원한 천국이고 극락이다. 그런 천국이나 극락에서 행복의 체험이 가능할까? 불행의 가능성이 없는 상태는 영원한 행복을 가능하게 하는 것일까? 지옥에도 물론 역사는 없다. 변화도 없고 발전도 없는 영원한 형벌을 의미하는 것이다. 행복의 가능성이 없는 지옥의 상태는 영원한 불행을 말하는가? 그런 영원한 불행이 체험적으로 가능할 것인가? 영원한 행복이나 영원한 불행은 체험적으로 가능한 상태가 아니어야 하지 않는가? 도대체 영원한 것의 체험이란 것이 어떻게 가능할 수 있다는 말인가?

역사가 없는 천국보다는 이따금씩 지옥 같은 세상으로 변한다고는 하지만 역사가 있는 이 세상이 낫다고 해야 하지 않을까? 불행의 체험이 가능하기 때문에 행복의 체험도 가능한 이 역사의 세상이 천국보다 극락보다 낫다고 할 수 있지 않을까? 마찬가지로 완전한 자유는 완전한 질서의 상태를 의미하는데, 그런 완전한 질서는 가능성에 의한 선택의 자유를 허용하지 않는다. 아무도 벗어날 수 없는 선형적 법칙의 질서를 말한다. 하느님의 완전한 질서는 인간의 자유를 허용할 수 없다는 역설의 문제를 제기한다. 카오스적 역사의 질서와 하느님의 완전한 질서는 양립될 수 없다. 그런 하느님의 질서는 천국의 질서이고 지옥의 질서이다. 행복의 체험도 불행의 체험도 무의미하게 되는 영원한 세계, 역사가 없는 세상의 질서이다.

13. 역사가 있으므로 행복이 가능하고, 역사가 있으므로 불행도 가능하다. 그러고 보면, 행복도 능력이라는 생각을 할 수 있다. 역사를 주도하는 능력이고, 카오스에 적응하는 능력이다. 자유를 관리하는 능력이고, 불안을 극복하는 능력이다. 카오스의 불안을 행복한 불안으로 바꿀 수 있는 능력이다.

위기 상황의 대처 논리

인생을 살아가면서 위기 상황을 겪지 않는 사람은 없다. 참으로 감당할 수 없는 위기 상황을 맞이할 때도 있다. 결국 그런 위기를 관리하지 못하고 생명을 바치는 사람도 있다. 그런데 지나가고 보면, 그런 위기의 관리도 가능했었다는 것을 알 수 있을 때가 있다. 위기는 기회이다라는 말이 옳다는 생각이 들 때도 있다. 당위는 능력을 수반한다는 말을 믿게 될 때도 있다. 이겨낼 수 있는 능력이 있기 때문에 그런 위기를 당하게 된다는 뜻이다. 그러나 이겨낼 수 있는 능력이 어떤 것을 포함하는지 생각나지 않을 때가 있다. 너무 당황하기 때문에도 그렇고, 어떻게 생각해야 하는지에 대한 평소의 훈련이 없었기 때문에도 그렇다.

논리는 생각으로 세상일을 따라가고, 예상하고, 계획할 수 있게 하는 길이다. 세상일이 여러 가지 방법으로 여러 가지 길을 따라 일어나고 있기 때문에 우리는 생각으로 그런 길을 모의해 보게 되는 것이다. 세상일의 과거와 현재와 미래를 그러한 논리적 모의를 통해 이해하면서 따라간다는 것은 그만큼 우리의 적응 능력이나 문제 해결 능력에 힘이 되게 한다는 것이다.

연역 논리와 비연역 논리를 유형화한 여섯 가지 논리가 위기 상황에 대처해야 하는 우리의 생각을 어떻게 도와줄 수 있는지 보자.

변증 논리와 희망적 사유

어떤 위기 상황에 대해서는 시간이 해결해 주리라는 생각을 할 수 있다. 시간이 약이라는 말보다는 더 강하게 시간이 허용하는 변화의 가능성을 생각해 볼 수 있다. 모든 것은 역사적으로 변할 수 있으며, 변증 논리적으로 그 변화의 가능성을 생각해 보면 희망이 보일 수 있다는 것이다. 그런 희망이 보일 때 마음의 여유를 가질 수 있는 것이다.

위기 상황에 대처하는 자세로서 가장 중요한 것은 여유의 마음이다. 변화를 위한 시간을 줄 수 있는 여유가 필요하다. 변증법적으로 그런 변화의 가능성을 여러 가지로 생각해 보는 것이 필요하다. 한 가지 가능성에 희망을 거는 것보다는 몇 가지 가능성에 희망을 거는 것이 더 여유롭게 하는 것도 사실이다.

귀납 논리와 반성적 사유

어떤 위기 상황이든 날벼락처럼 닥쳐오지는 않는다. 심각한 위기 상황일수록 그것을 예감할 수 있는 여러 가지 사건들이 미리 일어나게 되어 있다. 대수롭지 않게 여겼던 일들이 드문드문 일어나면서 위기 상황을 촉발하기까지 축적되어 간다는 것이다. 그런 사건들의 고리를 연결시켜 보면 그런 연결 고리가 위기 상황의 원인으로 작용하게 되었음을 이해할 수 있다는 것이다. 법칙적 · 연역적 인과 관계가 아닌 분포적 · 귀납적 인과 작용으로 이해될 수 있는 사건들의 고리가 있다는 것이다. 이런 귀납 논리적 연결고리의 원인 작용을 이해함으로써 위기 상황에 대한 반성적 이해를 할 수 있으며, 이러한 이해와 반성은 문제 해결을 위한 단서들을 제시해 줄 수 있다는 것이다.

유비 논리와 사례적 사유

위기 상황에 대처하는 마음은 자신의 이전 체험이나 다른 사람들의 체험에 비슷한 상황을 생각해 낼 수 있어야 한다. 도움의 말에 귀를 기울여야 한다. 직접 들을 수 있는 도움의 말이면 더욱 좋겠지만, 그렇지 않은 경우 책을 통해서, 언론 매체를 통해서도 도움의 말을 들을 수 있다. 종교적인 설법 · 설교 · 강론에서 도움의 말을 들을 수도 있다. 문학 작품에서 도움의 말을 찾을 수도 있다. 영화에서, 연극에서, 음악 감상에서 도움의 말이나 마음을 만날 수도 있다. 자기만의 위기 상황이란 생각에서 벗어나야 한다. 누구나 비슷한 경험을 하면서 살아가는 세상이기 때문에 유비 논리적인 생각이 문제 해결의 가능성을 열어 줄 수 있다는 것이다. 믿음을 갖게 할 수 있다는 것이다.

실천 논리와 방편적 사유

"위기는 기회이다," "언제나 두 가지 길이 있다," "어느 구름에서 비 내릴지 모른다," 이런 말이 의미하듯이 어떤 위기 상황에서든 방편적으로 생각할 수 있는 여유만 있으면 해결의 길을 찾을 수 있다는 것이다. 도구적인 생각을 해야 한다. 어떤 기술이 유효할 수 있는가를 생각해야 한다. 다양한 방법 · 방편이 가능할 수 있다는 생각을 해야 한다. 자기 힘만으로도 해결할 수 있는 일이라면 다행이지만 남의 도움을 꼭 필요로 하는 일이라면 남의 도움을 받는 것이 방편적 선택이다. 위기 상황에서 당황하게 되면 방편적 생각을 제대로 할 수 없을 정도로 소극적 반응을 할 수 있으나, 적극적 자세로 실천 논리적 방편을 구할 때 위기는 기회로 바뀔 수 있는 것이다.

귀추 논리와 전향적 사유

위기 상황이 닥친다는 것은 개인의 생애이지만 무언가 구조적으로 잘못되었거나 역사적으로 잘못되었음을 말한다. 무엇이 문제인가를 역사적으로 더 긴 안목에서, 구조적으로 더 큰 틀에서 다시 보아야 한다는 뜻이다. 생애의 목표가 잘못되었음을 말해 줄 수도 있다. 세상을 보는 관점이 잘못되었음을 말해 줄 수도 있다. 가치관이나 인생관을 바꾸어야 한다는 결론에 이를 수도 있는 것이다. 이처럼 전체를 보는 역사적 · 구조적 시각에서 부분적인 삶의 조각들을 다시 볼 수 있게 하는 것이 귀추 논리적 사유이며, 필요에 따라서 삶의 방향을 바꿀 수 있게 한다는 뜻에 '전향적 사유'가 될 수 있는 것이다. 위기가 기회라는 말을 좁게 이해하면 방편적 변화를 가져와서 문제 해결을 하게 된다는 뜻이지만, 넓게 이해하면 새로운 인생관, 새로운 세계관, 새로운 직업관, 새로운 학문관으로의 전향을 뜻하게 될 수 있다는 것이다.

연역 논리와 체념적 사유

위기 상황을 불가피하게 한 요인들 중에는 연역 논리적 필연으로 느껴지는 것이 있을 수 있다. 피할 수 없었던 '운명'이라는 뜻이다. 그런 연역 논리적 필연은 꼭 같은 조건이 주어지면 그대로 반복되는 것이기도 하다. 다른 방법이 없는 결정 요인으로 느껴지는 것을 말한다. 결국 피할 수밖에 없는 벽이다. 단념해야 하는 부분이다. 버릴 수 있어야 한다는 것이다. 너무 쉽게 연역 논리적 결론으로 가서 포기해 버리는 것은 금물이다. 하지만 자연 현상의 많은 부분을 연역 논리적 수학으로 설명하고 예측할 수 있듯이 인간사에서도 그런 부분을 만날 때가 있다. 그런 부분들이 있기 때문에 숙명론에 빠지게 하는 점술가의 유혹이 가능한 것이다. 인간사의 역사와 구조에서 연역 논리적으로 결정되는 부분은 많을 수가 없다. 신중하게 판단해서 결정할 연역 논리적 사유이다.

적응 능력

생명체는 적응 능력을 생존의 조건으로 한다. 적응 능력이 종의 진화를 가져오고, 종의 진화는 적응 능력을 향상시킨다.

멸종하는 생물은 어떠한가? 적응 능력이 퇴화되었기 때문일까? 환경의 변화가 너무 급격하여 기존의 적응 능력이 미치지 못했기 때문일까? 생명의 종이 없어지기도 하고 새롭게 나타나기도 하는 현상을 적응 능력만으로 설명할 수는 없을 것이다.

인간 사회에서 낙오되는 사람이나 자살하는 사람에 대해서도 적응 능력의 부족 탓으로 말해 버릴 수 있을까? 생존 경쟁에서 패배했기 때문이라고 해버릴 수 있을까? 얼마나 치열한 생존 경쟁이냐가 문제시될 수 있다. 그러나 그런 생존 경쟁을 불가피하게 한 것은 개개인의 경쟁자들이 아닐 수 있다.

자살하는 사람이나 낙오되는 사람이 나올 수밖에 없는 것은 전체 인구가 너무 많아졌기 때문일 수 있다. 자연적 조건이 더이상 지탱해 줄 수 없을 만큼 인구가 많아졌기 때문일 수 있다. 말하자면, 희생되어야 할 숫자에 포함되는 불행 때문에 낙오자가 되고 자살자가 된다는 뜻이다.

그렇지만, 상황이 나빠질 때에도 누가 희생당하느냐는 것은 여전히 경쟁적이라고 할 수 있다. 구조 조정을 해야 하는 직장에서 퇴출당하는 사람들을 생각해 보면 다양한 원인과 이유가 작용하는 것을 알 수 있다. 전체적으로 보면 통계 숫자가 되어 버리지만 개인적으로 보면 안타깝다는 생각을 하게 한다. 조금만 더 참을 수 있었으면 퇴출당하지 않았을 것이라고 생각하게 한다. 직장 상관과의 인간 관계에 조금만 더 신경을 썼으면 남아 있을 수 있었을 것이라고 한다. 부모의 지원이 전혀 없었다는 것이 이유라고 생각할 수도 있다. 대학 동창 관계가 작용했다는 말을 들을 수도 있다. 이렇듯 조그마한 차이가 한 사람을 퇴출당하게 하고 다른 한 사람을 남아 있게 한다는 것이다. 결과적으로 말하자면 팔자라고 할 수도 있고, 운명이라고 할 수도 있다. 본인의 적응 능력이 부족했던 탓이라고 할 수도 있다. 그러나 결과적으로 말해 버리기에는 변수가 너무 많다.

자살하지 않은 사람이나 낙오되지 않은 사람이 자신을 평가할 때도 살아남아 있는 것이 아슬아슬하게 느껴질 때가 있을 것이다. 자신의 적응 능력 때문에 살아남았다고 자부할 사람이 있을까? 운이 좋았다고 할 사람이 많을 것이다. 그렇지만 운이 좋다는 것만으로 설명될 수 있는 것도 아니다.

핑계없는 무덤이 있으랴만, 그 핑계를 어디로 돌리느냐가 다를 수 있다. 자신의 적응 능력에 비해 환경적 조건이 너무 나빴다고 할 수도 있다. 환경적 조건보다는 자신의 적응 능력에 문제가 있었다고 할 수도 있다. 적응 능력과 환경적 조건은 상대적이기 때문에 그 어느 쪽을 핑계로 돌려도 이유가 될 수 있다.

우리의 세상이 불공평하다는 것을 느껴 보지 않은 사람이 있을까? 유리한 조건에서 살아온 사람도 가까운 주변에서 불리하게 살아가는 사람들을 볼 수 있다. 노력을 하는데도 환경적 조건이 따라주지 않는 불행한 사람들이 있다.

하는 일이 자기 적성과 능력에 맞지 않아서 고생하는 사람들이 있다. 일자리를 옮길 수 있어야 하지만 마땅한 자리가 없어서 고통을 겪는 사람들이 있다. 결국은 밀려나는 신세가 되기도 한다. 경쟁에서 패배한 것으로 말해 버릴 수도 있다. 하지만 옮겨갈 수 있는 일자리를 만들어 주는 것은 환경적 조건이다. 사회 구조적 문제이다. 정책적 문제인 것이다. 더 좋은 일자리와 더 나쁜 일자리를 구별하는 문제는 자신의 적응 능력에 맞게 결정하고 적응하면 된다. 일자리가 절대적으로 모자라기 때문에 일할 수 있는 권리를 박탈당하는 현실적 조건은 어느 개인이 스스로 해결할 수 있는 문제가 아니다.

우리 사회는 지금 교육에 너무 많은 것을 맡겨 버리고 있다. 출신 학교가 개인의 장래를 결정하는 요인이 되게 한다. 교육 수준도 개인의 능력을 제대로 평가하지 못하면서 성장의 한계를 제한해 버린다. 이런 교육이 제시하는 경쟁의 조건은 부모의 지원 능력과 개인의 시간 관리 능력으로 제한된다. 부모의 지원을 부정할 필요는 없으나 사회 자체가 대등한 지원을 함으로써 좀더 공평한 교육의 기회를 만들 수 있을 것이다. 개인의 시간 관리 능력은 지금과 같은 속도전을 지양하게 할 수 있다. 느리게 타고난 사람들이 있다. 그런데 지금은 빠른 사람들을 격려하는 제도만 운용하고 있다. 조기 졸업과 조기 입학을 장려하고 그것을 교육적 성취로 평가해 주고 있다. 그러나 느린 사람들을 위한 제도적 배려가 사실은 더 중요하다. 그들이 희생당하지 않는 교육 제도가 필요하기 때문이다. 남들은 한 학기에 배울 수 있는 것을 두 학기에 배울 수도 있어야 한다. 남들은 3년이면 졸업할 수 있는 과정을 정정당당하게 4년에 마칠 수 있게 해주어야 한다.

조기 유학이나 자녀 교육을 위한 이민도 부정적으로 볼 것이 아니다. 교육 환경이 달라지면서 적응 능력이 새롭게 나타나는 사람들이 있다. 그러나 교육 환경의 변화가 오히려 역기능으로 작용하는 경우도 있다. 그런 사람들은 역이민을 할 수 있어야 하고, 언제나 본래의 자리로 돌아올 수 있어야 한다. 하지만 이러한 이동에는 경제적 조건이 따라 주어야 하기 때문에 자유의 폭이 제한될 수밖에 없다. 불공평한 세상이란 것을 절감하지 않을 수 없다는 것이다.

교육에서 중요한 또 한 가지 조건은 좋은 스승을 만나는 일이다. 개인의 능력에 관심을 가져주는 스승을 만나야 한다. 교육은 잠재 능력을 찾아내어 개발하게 하는 과정이다. 한 사람의 훌륭한 스승이 제자의 생애를 결정하는 영향을 줄 수 있다. 잠재 능력으로서의 가능성을 볼 수 있게 하고 자신의 능력으로 실현하게 할 수 있다. 지금과 같은 경쟁적 교육에서는 앞서가는 몇몇 사람들을 제외하고는 대부분이 자신의 잠재 능력에 대하여 자신감을 상실할 수밖에 없게 한다. 자신의 잠재 능력을 과소 평가하게 할 수밖에 없다는 것이다. 자신의 잠재 능력을 과소 평가하지 않는 믿음과 자신감은 적응 능력의 가능성을 의미한다. 환경적 조건이 불리할 때도 기회를 기다릴 수 있게 하는 가능성으로 살아남을 수 있다. 잠재 능력에 대한 믿음은 스스로 환경적 조건을 바꾸어 보게 하는 자신감도 줄 수 있다. 환경적 조건이 바뀜으로써 자신의 적응 능력이 새로운 가능성으로 나타날 수 있다는 것을 믿게 하는 것이다.

우리는 공평한 교육을 희망하지만, 경쟁의 조건은 이미 불공평한 교육을 불가피하게 한다. 하지만 공정한 교육은 언제 어디서나 가능하다. 개인의 잠재 능력에 맞는 교육을 허용할 수 있으면 된다. 그런 관심을 가져 주는 스승을 만날 수 있으면 된다. 느린 사람을 위한 교육 제도적 배려를 할 수 있으면 된다.

악화와 양화

지금까지 우리 나라에서의 대학 평가는 지원 학생을 기준으로 하는 평가였다. 경쟁력이 있는 학생들이 지원하는 순서에 따라서 대학의 순위를 말하는 것이었다. 대학의 교수진이나 교육 내용, 또는 연구 성과에 대한 평가는 사실상 문제가 되지 않았다. 대학 평가를 학생들의 경쟁력 평가에만 의존하면서 대학 서열을 말하고 있다가, 국내에서 상위 서열의 대학들이 국제적인 대학 평가에서는 하위권에 속한다는 온갖 평가를 접하게 되면서 우리 대학에 대한 인식이 문제되기 시작했다. 국제적 대학 평가가 최근에 와서 우리의 관심을 자극하게 되었다는 것도 이상한 일이다. 그 동안은 그런 평가를 무시했거나, 우리 나라 대학들은 그런 평가의 대상조차 될 수 없었기 때문일 수 있다. '우물 안 개구리' 격이었던 우리의 대학 평가 인식이 마침내 자극을 받게 된 것이다.

최근에는 우리 나라 대학에 대한 평가 기준과 방법도 개선되어 가고 있는 것 같다. 또한 외국의 대학들이 우리 나라에 들어올 수 있게 한 정책의 변화도 우리 대학이 발전할 수 있게 하는 하나의 계기가 될 것이다.

그 동안 우리 나라 대학이 발전할 수 없었던 요인은 여러 가지가 있다. 그중에 한 가지 요인이 교수진의 향상을 저해해 온 분위기였다. 끊임없이 더 좋은 교수진으로 '체질 개선'을 해가야 하는 대학이지만, 그런 개선을 불가능하게 하는 분위기가 있었다는 것이다. 한마디로 말하자면 "악화가 양화를 구축하는" 분위기였다.

미국 유학에서 귀국한 후 계명대학 · 연세대학 · 이화여대 · 포항공대로 옮겨 다니면서 체험할 수 있었던 대학의 교수 사회가 그러했다. 악화가 양화를 구축하는 현상이 너무 뚜렷하게 작용하고 있었지만 그것을 고쳐 볼 생각을 할 수 없었다는 것이다. 부분적으로 변화가 가능했었지만, 변화의 요인이 없어지고 나면 다시 원래대로 돌아가 버리는 분위기였다.

물론 그런 집단적 분위기에도 불구하고 자신의 학문적 탐구에만 몰두하는 교수들이 있었다. 지금도 그런 교수들은 분위기로 인한 피해를 감수하면서도 꾸준히 학문에 열중하는 것을 볼 수 있다. 예외적 개인들인 셈이다. 문제는 집단적인 분위기에 있다. 마땅히 학문적인 교수가 대우를 받아야 할 대학에서 그렇지 않은 사람들이 득세하여 학과나 대학의 발전을 저해하고 있다는 것이다.

학술적인 집단이지만 학문적 우수성보다는 다른 요인들이 그 집단을 지배하게 한다는 것이다. 지배 집단은 학문적으로 자기네보다 우수한 사람이 들어오는 것을 배척한다. 그런 분위기 때문에 이미 들어와 있는 사람 중에서도 학문적으로 우수한 사람이 밀려나서 다른 곳으로 쫓겨가게 된다는 것이다.

전체 대학의 분위기가 악화가 양화를 구축하는 상태로 그냥 남아 있는 데도 있다. 대개의 경우 학과별 분위기가 그런 학과도 있고 그런 분위기를 벗어난 학과들도 있는 상태라고 보면 맞는 것 같다.

한 학과의 모든 교수들이 다같이 우수할 수는 없다. 아무리 이상적인 교수진으로 구성한다고 해도 우열이 있을 수밖에 없다. 문제는 우수성을 존중해 주는 분위기에 있다. 교수들 스스로 판단하기에도 가장 우수하다고 생각되는 교수를 그렇게 인정하고 존중해 주는 분위기가 중요하다는 것이다. 그렇게 함으로써 나머지 교수들도 제각기 자기 능력에 맞는 우수성을 인정받을 수 있게 되는 것이다. 악화가 양화를 구축하는 현상이 일어나지 않게 할 수 있는 것이다. 뿐만 아니라, 그 집단에서 가장 우수한 교수로 대우받는 사람 역시 자기 자신보다 더 우수할 수 있는 신임 교수의 채용을 기꺼이 찬성할 수 있다는 것이다. 말하자면, 교수진이 향상될 수 있는 가능성이 언제나 열려 있게 된다는 것이다.

이렇게 볼 때 대학들은 더 우수한 교수를 초빙하기 위한 경쟁을 하지 않을 수 없다. 외국의 우수 대학들은 항상 우수 교수 초빙을 위한 경쟁을 하고 있다. 그러나 우리 나라 대학들에는 아직도 이런 분위기, 이런 경쟁이 관심사로 되어 있지 않다. 악화가 양화를 구축하는 현상 때문인 것이다.

대학 교육의 측면에서 볼 때 왜 우수 교수가 꼭 필요한가라고 반문할 수 있다. 최우수 교수가 아니더라도 훌륭한 교수가 될 수 있고 학생들을 교육하는 데에는 전혀 문제가 되지 않을 수 있다. 하지만, 학생들에게 훌륭한 교수가 된다는 것과는 별도로 비록 소수 학생들일지라도 학문적 도전의 목표로 생각할 수 있게 하는 우수 교수가 필요하다. 예술 세계가 그렇듯이 학문의 세계도 많은 제자들을 잘 교육시키는 것만으로는 목적 달성이 되지 않는다. 능력과 의지에 따라서 언제나 더 높이 더 우수하게 성장할 수 있도록 개인별로 도움을 줄 수 있는 우수 교수가 있어야 한다. 더 우수한 학생일수록 더욱 강하게 도전 의식을 가질 수 있게 하는 우수성의 상징이 될 수 있는 그런 교수가 있어야 하는 것이다. 그런 교수가 한 사람이라도 있으면 소수의 우수 학생들이 그 교수를 능가하는 우수 학자가 되고자 하는 꿈을 가질 수 있다. 자신들이 정복하고 넘어야 할 최고의 산으로 존재하는 교수가 한 사람이라도 있을 때 학생들의 꿈은 더 구체화될 수 있고, 그들의 도전은 더 직접적으로 될 수 있다.

물론 그런 교수가 있다는 것은 그 대학, 그 학과의 자랑도 될 수 있다. 그러나 학문적으로 우수한 교수를 인기 교수로 혼동하면 안 된다. 사회적으로 명성이 있는 소위 '스타 교수'와 혼동하면 안 된다. 대학에서 자신의 학문 분야를 지켜 가면서 최고의 위치를 차지하는 학자들은 사회적 명성과는 무관한 사람들이다. 노벨상을 수상한다든지 다른 어떤 사회적 평판 때문에 유명하게 되는 사람들이 있다. 예외적 소수가 그럴 수 있다. 그런 사람들 중에는 사회적 명성을 얻었기 때문에 학자로서의 생명은 중단되어 버리는 불행한 사람들도 있다. '스타 교수'가 된다는 것과 학문의 세계에서 최우수의 자리를 지켜 간다는 것은 병행할 수 없는 일이다.

대학의 선전에만 급급하고 참으로 훌륭한 교수의 초빙으로 학문적 분위기를 개선하고자 하는 데는 관심이 미치지 못하는 우리나라 대학들은 '스타 교수'의 초빙에만 관심을 두고 있다. 이것은 아직도 우리 대학들이 그런 수준을 벗어나지 못했음을 말해 준다. 한심한 노릇이다. '스타 교수'는 학문적 관심보다는 자신의 명성에 더 관심을 둘 수 있으므로 그런 것이 원인이 되어 다른 우수 교수들을 구축하는 악화로 전락할 수 있는 것이다.

사회적 명성으로 학문 세계에서의 자기 위치를 지킬 수 있으리라고 착각하는 교수들이 있다. 우리 나라 언론들이 우선 그들의 책략에 넘어가기 때문에 그들의 행각이 계속되고 있다. 우리 나라 대학의 경영자들과 행정가들이 그런 사회적 명성에 넘어가기 때문에 그런 교수들이 여전히 대우를 받고 있다. 그러나 강의를 듣는 대학생들과 특히 대학원생들은 명성이 학문적 우수성을 말하지 않는다는 것을 알고 있다. 동료 교수들, 특히 같은 분야의 동료 교수들은 그들의 허상을 알고 있다. 그런데도, 심지어는 대학 행정가들의 착각을 이용하여 동료 교수들에 대한 영향력을 행사하기 때문에 그야말로 양화를 구축하는 악화 노릇을 하게 되는 것이다. 동료 교수들에게 피해를 주는 부담스러운 교수가 되는 것이다. 그런 교수들이 여전히 대학 행정가들에게는 '스타 교수'로 인정받는 전형적인 '악화' 교수로 남아 있다는 사실이 우리 대학의 슬픈 현실이다.

우리 나라 대학이 지금의 수준을 벗어나기 위해서는 여러 가지 변화를 필요로 한다. 대학 행정을 도대체 어떤 사람이 할 수 있느냐도 문제가 된다. 그런 지도 능력을 어떻게 길러내느냐도 문제가 된다. 악화가 양화를 구축하는 현상도 그런 행정 능력의 도움으로 개선될 수 있을 것이다. 외국 대학들의 국내 진출이 우리 대학의 개혁을 위한 계기가 될 수도 있을 것이다. 학생들의 선택 · 평가 · 참여가 자유로워지고 적극화됨으로써 악화가 양화를 구축하는 현상이 없어질 수 있을 것이다. 학문의 세계에서도 빠르게 세대 교체가 되면서 악습에서 벗어날 수 있는 길이 열릴 수도 있을 것이다.

여기서 말하는 악화와 양화의 문제는 '가짜'와 '진짜'의 개념으로도 표현할 수 있다. 종교적 수도자의 길에도 가짜와 진짜가 있을 수 있고, 예술 창작자의 길에도 가짜와 진짜가 있을 수 있듯이, 진리 탐구에 정진하는 학자의 길에도 가짜와 진짜가 있을 수 있다. 문제는 가짜가 진짜 행세를 한다는 데 있다. 가짜인지 아닌지는 누구보다도 자신이 잘 알 수 있다. 스스로 가짜임을 인정하면서 그것이 자신의 한계라는 사실을 받아들이는 사람은 문제가 되지 않는다. 문제는 가짜가 진짜로 행세하면서 그 사실을 은폐하기 위해 진짜인 사람을 가짜라고 중상모략하는 데 있다. 진짜인 사람은 진짜라는 것을 과시할 필요나 이유가 없지만, 가짜가 진짜로 행세하기 위해서는 진짜가 옆에 있다는 사실이 부담스럽기 때문이다. 남들이 진짜와 가짜를 쉽게 구별할 수 있기 때문이다. 참으로 야비한 짓이지만 우리 나라 대학에서 흔히 볼 수 있는 일이다. 이쯤되면 악화가 양화를 구축하는 현상이 되고 만다는 것이다.

예술 분야에서는 음악가의 세계가 가장 앞서가고 있는 것 같다. 음악가의 세계는 가짜가 진짜 행세하는 것이 사실상 불가능하므로 가짜가 진짜 행세를 하면서 숨어 있을 수 없는 곳이라는 뜻이다. 그러나 불행하게도 학문의 세계에는 가짜와 진짜가 구별될 수 없을 정도로 혼탁하다. 표절의 문제도 그렇고, 연구 업적 부풀리기도 그렇다. 학위를 위조하는 행위도 없어지지 않는다. 언론을 통하여 자신을 과대광고하는 짓은 여전히 학문의 세계를 오염시키고 있다. 학문의 세계에서도 더 이상 가짜가 진짜 행세를 할 수 없고, 악화가 양화를 구축할 수 없는 그런 날이 올 수 있을 것이다. 그런 세대가 조용히 성장하고 있기 때문이다. 개방의 물결이 밀어닥치고 있기 때문이다.

V

철학적 散文

역사적 인식

문명적 사기

마음의 안개

과학적 묵시록

역사적 인식

지금은 과학적 인식보다 역사적 인식이 더 중요하게 되었다. 우주의 역사를 말하자면 과학적 인식이 여전히 더 중요하다. 그러나 우리 지구상에서의 인류 문명과 문화를 생각한다면 역사적 인식이 더 중요하다. 지구상에서의 인류 역사가 종말에 가까워지고 있기 때문이다. 종말에 가까워지기 때문에 변화의 속도가 더 빨라지고 있기 때문이다. 자연의 질서는 순환적이라든지 반복적이라고 느긋하게 생각할 수 있는 시기가 아니라는 것이다.

역사적 인식이 필요한 것은 어떤 사건이든 역사적 사건으로 인식하는 것이 중요하기 때문이다. 따라서 모든 사건의 역사적 의미를 이해하는 것이 중요하고, 역사를 통하여 배워야 한다는 인식이 중요하다. 나아가, 우리가 하는 모든 일에 대하여 역사적 연결 관계와 역사적 과정 속에서의 관계로 인식하는 것이 중요하게 된다.

역사적 사건의 인식

어떤 사건이든지 하나의 사건으로 단위화하는 문제를 제기하게 한다. 그러면서 그 사건의 범위를 제한하는 문제를 생각하게 한다. 모든 사건들은 서로 연결되어 있다고 볼 수 있으므로 어떤 범위로 하나의 사건을 제한할 것인가가 문제시된다. 그 사건에 대한 관심과 그 사건의 중요성에 따라 결정할 문제이다. 그런 사건들의 관계는 공간적인 연결 관계와 시간적인 연결 관계로 나누어 생각할 수 있다. '역사적 사건'이라고 하는 것은 사건의 역사적 관계, 즉 시간적 관계를 문제시하자는 것이다.

나무를 보면서도 숲을 보지 못한다고 하는 것처럼 개별 사건들, 또는 현장에서의 사건들을 보면서도 그 사건을 역사적 사건으로 보지 못할 수 있다. 예수를 십자가에 못박아 죽이는 처형을 집행한 사람들은 그 사건을 역사적 사건으로 볼 수 있었던 사람들이 아니었다. 그들은 자기들이 하고 있는 짓이 어떤 일인가를 알지 못하므로 그들을 용서해 주시라고 기도한 예수는 그 사건을 역사적 사건으로 보았던 것이다. 피할 수만 있다면 피하고 싶은 고통스러운 사건이었지만 역사적 사건으로서의 중요성을 인식했기 때문에 하느님의 뜻을 따르기로 한 것이었다.

어떤 개별 사건이든 역사적 사건으로 볼 때 그것의 중요성을 다시 평가할 수 있게 된다. 물론 모든 개별 사건들이 역사적 사건으로서도 중요한 의미를 갖는 것은 아니다. 역사적 사건으로서의 비중을 제대로 평가할 수 없는 생활 때문일 수도 있다. 역사적 사건으로 평가하고 인식할 수 있는 안목이 부족하기 때문일 수도 있다. 그러나 어떤 사건이든 일단 역사적 사건으로 인식하고자 시도해 보는 것이 필요하다. 역사적 사건으로 추상화해 보고, 일반화해 보고, 보편화해 보는 것이 필요하다.

역사적 의미의 인식

역사적 사건을 기록하면서도 그것의 역사적 의미를 모를 수 있다. 역사적 변화의 과정을 서술해 주고, 인과 관계를 설명해 주면서도 그것의 역사적 의미를 이해할 수 없을 수 있다.

우주의 역사에 대하여, 예컨대 '대폭발(The Big Bang)' 이후의 우주 역사에 대하여 과학적으로 서술하고 설명해 주는 작업이 완성되고 나면, 그때에 비로소 하느님의 마음(뜻)을 헤아릴 수 있게 되리라고 한 스티븐 호킹(Stephen Hawking)의 말은 우주의 역사에 대한 역사적 의미 문제가 과학적 탐구와는 별도의 문제로 남아 있음을 뜻한 것이다.

하느님의 뜻이라는 역사적 의미를 이해하는 문제는 곧 역사관의 문제가 된다. 어떤 하느님으로 받아들이느냐가 문제시되고, 하느님의 뜻이 역사 속에서 어떻게 표현된다고 믿느냐도 문제가 된다. 물론 하느님의 존재를 받아들이지 않는 역사적 의미의 해석도 가능하다. 종교적인 역사 해석과 철학적인 역사 해석의 차이가 있을 수도 있다.

이러한 역사관은 다양할 수 있다는 것을 인정해야 한다. 종교가 다양할 수 있고 철학이 다양할 수 있다는 것으로도 역사관의 다양성을 인정할 수 있다. 따라서 우리의 역사관은 결코 고정될 수 없다. 하나의 역사관으로 고집할 수 없다. 역사관과 더불어 성숙해야 한다고 하는 것이 옳다.

이처럼 역사적 의미의 인식이 우리의 역사관을 새롭게 할 수 있으므로 역사는 언제나 새롭게 쓰여질 수 있다. 민족의 역사도 다시 쓸 수 있다. 가족의 역사나 집단 사회의 역사도 언제나 새롭게 쓸 수 있는 것이다.

역사관을 바꾼다는 것은 결코 쉬운 일이 아니다. 가치관을 바꾸게 하는 일이 될 수 있으므로 현실적인 저항에 부딪칠 수 있는 것이다. 하지만 역사적 의미를 옳게, 더 성숙하게 파악하는 일이 중요하기 때문에 역사관에 대한 개방적 태도가 필요하다. 언제나 역사적 의미를 새롭게 발견하고자 하는 자세가 필요하다.

역사적 교육의 인식

우리 인간은 역사의 산물이다. 진화의 역사가 만들어 낸 존재이다. 이런 점에서 다른 생물들도 역사의 산물이다. 생물의 역사만이 아니라 우주의 역사 그 자체가 역사적 산물들을 만들어 내면서 진행되고 있는 것이다. 그러나 역사적 산물로서의 존재의 의미를 말하자면, 무생물의 세계와 생물의 세계를 다르게 말할 수 있다. 생명 세계의 출현은 물론 무생물의 물질 세계가 역사적으로 변화해 온 과정의 결과이지만 역사적 단계로서 생명의 출현은 특별한 의미를 갖는다는 것이다.

이러한 생명 세계의 역사가 지구상에서 만들어 낸 역사적 산물로서 우리 인간의 출현은 또다른 의미를 지닌다는 것이다. 우리 인간은 진화의 역사가 만들어 낸 존재이지만 다른 생물들과의 차이를 인간 존재의 특이성이라고 할 수 있을 만큼 역사를 이해하는 능력과 역사로부터 배울 수 있는 능력에서 새로운 존재가 되었다.

역사적 변화 또는 역사의 발전 방법은 끊임없이 새로운 역사적 산물을 만들어 내면서, 그런 역사적 산물들을 통하여 역사가 발전할 수 있게 하는 일종의 피드 백 방법이라고 할 수 있다. 그러한 역사적 피드 백의 발전 과정에서 우리 인간이 차지하는 위치는 특이하다는 것이다.

우리는 역사로부터 배울 수 있는 능력을 가지고 있다. 역사의 발전이 어떻게 이루어져 왔는지를 이해할 수 있으며, 미래의 역사가 어떻게 진보할 것인지를 생각해 볼 수 있는 것이다. 그런 역사적 교훈을 통하여 우리 인간은 스스로가 역사 발전의 요인이 되게 할 수 있다는 것이다. 진화의 역사에 수동적으로 참여하는 것이 아니라 역사적 진보를 위한 능동적 참여와 실천을 할 수 있다는 것이다. 역사관이 있고, 역사 의식이 있고, 역사적 선택을 할 수 있는 우리 인간이야말로 역사의 주관자라고 하는 하느님의 대리자 또는 대행자가 될 수 있다는 것이다. 하느님의 역사에 참여할 수 있는 인간이므로 역사에서의 하느님의 뜻을 이해할 수 있으며, 우리가 선택한 역사적 실천에 대한 책임도 질 수 있어야 한다는 것이다. 역사에 대한 실천을 책임질 수 있어야 하기 때문에 역사로부터 배울 수 있는 능력이 중요한 것이다. 우리 인간은 역사의 산물이면서 동시에 역사를 만들어 가고 역사를 책임질 수 있는 능산적 · 창조적 존재인 것이다.

역사적 연결의 인식

대학 캠퍼스나 아파트 단지의 가로수로 곳곳에서 그 위용을 드러내고 있는 메타세콰이어는 80년 전에 중국 양자강변 어느 곳에서 단 한 그루가 살아남아 있던 멸종 위기의 나무였다고 한다. 그 나무를 발견하고 그것의 소중함을 발견한 사람 또는 사람들의 노력이 역사적 연결을 가능하게 했다는 것이다. 단절될 수 있었던 메타세콰이어의 역사를 연결시켜 주었다는 것이다.

서양 철학사에서는 플라톤이 없었다면 소크라테스가 지금과 같은 위치를 차지할 수 있었을까 생각해 보게 된다. 소크라테스가 지금과 같은 모습으로 살아남지 않았다면 서양 철학의 역사가 다르게 되었으리라는 생각을 할 수 있다는 것이다. 그러면서 플라톤의 아카데미에서 교육을 받은 많은 제자들 중에 아리스토텔레스가 없었다면 서양 철학의 역사가 지금과 같은 내용으로 전개될 수 있었을까 생각해 보게 된다.

역사의 과정, 역사의 발전에는 연결고리가 중요하다. 역사의 실천은 그러한 연결고리를 위한 실천이라고 할 수도 있다. 아무리 좋은 역사적 실천이라도 연결되지 않으면 잊혀져 버리는 사건이 되고 만다. 역사적 사건으로 살아남는, 역사적 의미의 사건이 될 수 없다는 뜻이다.

역사적으로 연결이 되느냐, 역사적으로 단절이 되느냐는 것은 이처럼 하나의 사건을 의미있게 하고 중요하게 하는 조건이 된다. 역사적 연결이 이루어질 때 비로소 우리는 희망이 있느냐, 발전 가능성이 있느냐를 물을 수 있다. 역사에 참여하면서 역사적 실천을 하고자 하는 의지를 위해서 필요한 조건이다. 역사의 미래에 대하여 오늘의 역사가 미래로 연결되리라는 믿음을 가질 수 있어야 한다는 것이다.

미래로 연결되는 역사에 대해서는 완성을 희망하고 지향하면서도 오늘의 역사적 단계에서 그런 완성을 욕심내지 않아도 된다. 역사적 연결을 통하여 점점 더 완전하게 창조되어 가는 발전에 희망을 걸 수 있기 때문이다. 미래적인 창조의 가능성을 더 소중하게 여길 수 있는 믿음을 가질 수 있기 때문이다.

역사적 연결 관계에 대한 이러한 인식은 역사적 실천과 창조의 작업이 미완성으로 남아서 다음 단계로 연결될 수 있다는 것을 중요시한다. 미완성의 아름다움을 인식하게 한다는 것이다. 이런 점에서 '성가족 성당'을 미완성으로 남겨 두면서 역사적으로 완성하게 한 가우디는 위대한 역사 의식의 건축가였다. 역사 창조에 참여하고자 하는 모든 예술가·종교인·철학자·과학자·정치가·기업인들에게 역사적 연결 관계의 인식을 위한 위대한 모범이 되어 주었다. 미완성의 아름다움을 역사적 연결을 위해 남겨 줄 수 있다는 것이 얼마나 중요한 유산이 될 수 있는가를 보여주었다.

문명적 사기

'문명적 사기(civilized deception)'는 문명의 힘을 이용하는 기만적 행위를 뜻한다. 문명의 힘에서 유리한 국가나 집단이 불리한 쪽을 침략 · 지배 또는 착취하면서 그런 행위를 정당화하기 위해 거짓 명분을 내세우는 것을 말한다. 문명의 힘은 국가적 차원에서 말하자면 과학 기술의 힘이고 경제력이고 군사력이다. 문명에서의 선진국과 후진국을 나눌 수 있는 것도 그럼 힘의 차이가 기준이 될 수 있기 때문이다.

한편, 한 사회 안에서도 문명의 혜택을 더 누리는 계층과 덜 누리는 계층을 구별할 수 있다. 정보와 지식에서 유리한 계층, 정치 권력이나 경제력에서 지배적인 계층이 문명의 힘을 과시하면서 자신들의 기득권을 유지하기 위한 사기 행위를 할 수 있다는 것이다. 이러한 문명적 사기는 명분을 내세우기 때문에 사기가 된다는 것이며, 합법적이라고 정당화하기 때문에 사기가 된다는 것이다. 하지만 엄밀히 말하자면 그런 사기 행위를 규제할 실정법이 마련되어 있지 않은 현실을 악용하는 행위라는 것이다.

이라크에 대한 미국의 침략을 불법화할 국제법이 없다. 물론 그런 침략을 합법화해 줄 국제법도 없다. 그러므로 미국은 온갖 명분을 내세웠던 것이다. 이라크 전쟁을 '테러와의 전쟁'이라고 했다가, '문명과 야만의 전쟁'이라고도 했다. '이라크 민주화를 위한 전쟁'이라고 했다가, '미국의 정의를 위한 전쟁'이라고도 했다. 하지만 그 어느 명분도 그 타당성을 인정받지 못하게 됨으로써 문명의 힘을 이용한 미국의 이라크 침략은 문명적 사기로 인식되지 않을 수 없게 되었다. 이라크 침략의 숨은 목적은 석유를 위한 경제적 지배였기 때문이다.

우리의 최근 역사는 어떠한가? 광복 60주년을 맞이하면서 지난 역사를 돌아보면 일제 식민지였던 역사적 체험이 우리에게는 문명적 사기를 실감하게 한다. 그렇게 많은 우리의 지성인들이 친일파가 될 수 있었던 것은 문명적 사기의 영향력 때문이었다. 일제 식민지 시대에는 자신들이 사기당하고 있다는 사실조차 의식하지 못했을 수 있다. 해방이 되면서, 일본 제국주의가 패전하면서 자신들의 친일 행각이 우리 역사에 역행하는 문명적 사기 때문이었음을 인식하게 되었을 것이다.

그런데 일제 식민지로부터의 해방이 우리에게 가져다준 것은 분단 시대였다. 전쟁에서 승리한 미국과 소련이 선택한 분단 시대였으므로 우리로서는 받아들이지 않을 수 없었다. 하지만 그것이 또 다른 문명적 사기의 시작이라는 사실을 인식할 수 있었던 사람은 별로 없었다. 분단의 남쪽에서는 미국식 자유주의와 민주주의 국가를 세운다는 명분에 온 국민이 환영하는 분위기였다. 그러나 분단 시대 60년을 지나온 지금 그러한 분단이 문명적 사기였다는 사실을 인식하는 것은 어렵지 않다.

분단의 숨은 목적은, 미국의 입장에서 볼 때, 냉전 시대의 군사 전략을 위한 기지화에 있었다. 공산권에 대한 군사 전략적 목적이 우리 정치의 민주와 자유보다 더 중요했다. 그러므로 '반공'이 국시가 될 수 있었으며, 반공을 위해서라면 민주와 자유를 유보한 독재 정권도 용납할 수 있었던 것이다. 그러면서 '반공'은 곧 '친미'를 의미했다. 물론 '친공'은 '반미'를 의미했으며, '반미'냐 '친미'냐가 다른 어떤 이념적 선택보다 중요한 평가 기준이 되었다.

해방을 맞이한 우리에게는 민주와 자유의 실현 이전에 일제 식민지 시대를 청산하는 일이 중요했다. 지난 시대의 어두운 역사를 청산하지 않으면 새로운 시대의 역사를 시작할 수 없기 때문이다. 그런데도 친일 세력을 처벌할 수 없는 상황이 되어 버렸다. 미국의 군사 전략적 기지화를 분단 시대의 목적으로 볼 때 '반공'은 '친미'를 의미하고, '친일'은 '친미'의 연장으로 생각할 수밖에 없었기 때문이다.

오늘날까지도 일본은 미국의 군사 전략상 가장 밀접한 우방이 되고 있다. 일본이 아직까지도 식민지 시대의 역사에 대하여 반성하지 않고 역사 왜곡과 망언을 서슴지 않는 것은 미국과의 밀착 관계 때문이다. 미국의 군사 전략적 기지화가 되어 있는 우리를 무시하기 때문이다. 식민지 시대의 문명적 사기가 지금까지도 계속되고 있는 것이다. '친일'을 '친미'의 연장으로 보면서 문명적 사기를 계속하고 있기 때문에 그런 사기극에 넘어간 대학 교수들이나 연예인들이 일제 식민지하에서도 우리 민족에게 유익한 점이 있었다는 식의 헛소리를 하게 되는 것이다.

미국과의 동맹 관계를 거의 절대시하고, '미국의 평화'가 영원할 것처럼 발언을 하고 글로써 주장하는 친미주의자들은 친일파들과는 다르지만 또 다른 문명적 사기극에 넘어간 사람들이라는 점에서는 다를 바가 없다. 지난 60년의 분단 시대를 '문명적 사기'라는 개념으로 반성해 볼 것을 거부하는 사람들이다. 분단 시대를 시작할 때 명분으로 내세웠던 자유와 민주가 거의 60년이라는 역사의 세월을 통해 어떤 희생을 치르면서 어떻게 조금씩 성취되어 왔는가를 생각해 봐야 한다. 또한 그런 자유와 민주를 위한 투쟁을 저해한 독재 권력은 어떤 것이었으며 누구의 사주를 받아 온 집단이었는가도 생각해 보아야 한다.

일제 강점기와 친일파에 대한 역사 청산은 아직도 해결되지 못한 문제로 남아 있지만, 청산되어야 할 문제가 어떤 것인가에 대한 혼란은 없다. 하지만 분단 시대의 역사 청산을 말하자면 문제 제기 자체를 거부할 사람들이 있다. 도대체 무엇을 청산하자는 것인가?

전쟁에서 패망한 일본이 미국의 문명적 사기에 동참하는 하수인이 되었듯이 분단 시대의 우리 남쪽도 미국의 문명적 사기에 동참하는 하수인이 되어 버렸다. 월남전에서 우리 군대가 행한 일이 바로 그런 것이었다. 또 한 가지 측면은 미국식 시장 경제 체제가 필요로 하는 문명적 사기를 그대로 따라하는 짓이다. 시장 경제라는 명목으로 부동산 투기를 방치해 둔 것은 사회 경제적 계층간에 저질러진 문명적 사기를 방관한 것이었다.

더욱이, 시장 경제라는 명목 때문에 외국의 자본가들이 우리의 시장에서 부동산 투기도 하고, 기업이나 은행을 인수하여 불과 몇 해 사이에 수조 원의 이익을 챙기면서 한푼의 세금도 지불하지 않고 떠나가 버린다는 것은 또 다른 문명적 사기에 해당한다. 법의 저촉을 받지 않으면서 실정법의 미비한 점을 교묘하게 이용하는 '합법적' 사기의 수법이라는 것이다. 지금 우리로서는 그들의 '합법적' 사기 행각을 당해 낼 길이 없다는 것이다.

그런데 우리가 우리보다 후진국이라고 여기는 사람들에게 하는 짓은 어떤가? 외국인 노동자들이 찾아오는 것은 그만큼 경제적으로 어렵기 때문이다. 그런 외국인 노동자들에게 우리는 우리가 선진국의 자본가들에게 당한 문명적 사기의 행각을 그대로 옮겨서 행하고 있지 않은가? 그들은 불법 입국을 알선해 주는 사람들에게 사기를 당한다. 최저 임금으로 가장 위험한 작업을 감수하면서 월급을 사기당하기도 한다. 불법 체류자가 되면 그 사실을 악용하는 우리네 기업인들에게 또 한번 사기당하기도 한다. 작업장에서 손발이 잘리는 사고를 당해도 의료보험 혜택이 없다고 한다. 사업주에게 또 한번 사기를 당하는 것이다.

문명의 역사에서는 약육강식이 불가피한가? 문명적 사기에 대한 역사의 심판이란 것은 불가능한가? 역사의 정의라는 것은 꿈이고 이상일 뿐인가? 도대체 역사는 어떻게 발전하는 것인가? 그래도 역사는 진보한다는 말을 할 수 있는가?

다시, 우리 자신의 지난 60년을 돌이켜보자. 문명적 사기에도 불구하고 우리가 역사적으로 성취할 수 있었던 것을 음미해 보자.

우리가 일본의 식민지로 전락한 것은 조선 시대의 조상들 탓으로 돌릴 수 있다. 제국주의 시대였다는 사실과 일본이 오랫동안 조선의 식민지화를 계획하고 있었다는 사실을 심각하게 생각하고 대처했어야 할 우리 조상들의 잘못이었다.

일제 식민지 시대가 다른 지역의 식민지 국가들에 비하면 짧은 역사적 시기였는데도 그렇게 많은 사람들이 친일파가 되어 일본의 문명적 사기에 순응했다는 사실이 이상하다. 왜 그랬을까? 독립 운동에 참여하는 것이 역사적 당위였는데도 왜 그토록 많은 지식인들이나 지도급 인사들이 친일파가 되었을까? 우리 역사에서는 민중의 혁명으로 정권을 무너뜨린 역사적 체험이 없었기 때문일까? 부당한 권력이지만 권력에 대한 저항은 무의미하다는 현실주의가 지배해 왔기 때문일까?

역사는 현실주의자들이 지배할 수 있을지라도 역사의 변화를 발전적으로 이끌어 갈 수 있는 사람들은 현실주의자가 아니다. 독립 운동에 참여하여 생명을 바친 사람들은 식민지 시대 이후의 우리 역사를 책임지고자 한 사람들이었다. 하지만 식민지 시대를 끝낸 것은 그들의 힘이 아니었으며, 그들이 이어가고자 했던 식민지 시대 이후의 역사는 분단 시대라는 문명적 사기의 시대가 되고 말았다. 살아남은 우리의 독립 운동가들로서는 분단 시대를 거부할 수가 없었다. 우리에게 해방을 가져다준 전승국 미국과 소련에 의한 분단 시대를 거부할 힘이 그들에게는 없었다.

분단 시대의 명분은 북쪽에서는 사회주의 사회를 건설한다는 것과 남쪽에서는 자유 민주주의 사회를 건설한다는 것이었다. 그러나 그것은 군사적 기지화를 통한 미국과 소련의 전략적 대결이라는 실제 목표를 숨긴 명분일 뿐이다. 문명적 사기였을 뿐이다. 분단 시대의 남쪽 역사만 돌이켜보아도 문명적 사기의 뜻은 명확해진다. 우리 사회를 자유와 민주의 가치 아래서 건설해 갈 수 있었던 독립운동가들, 민족주의자들은 암살과 사고로 모두 제거되어 버린 것이다. 분단 시대라는 문명적 사기에 타협하고 순응한 사람들만이 살아남아서 자유나 민주화에 역행하는 독재자가 될 수 있었던 것이다. '친일'을 '친미'의 연장으로 생각하는 친미파가 됨으로써 살아남을 수 있었던 독재자들이었다. 미국에 의한 문명적 사기의 하수인 노릇을 해야만 했으므로 독재자가 될 수밖에 없었던 사람들이다.

이러한 분단 시대가 우리에게 가져다준 역사적 체험과 도전은, 돌이켜보면, 결코 무의미한 것이 아니었다. 마침내 민중적 항쟁으로 권력을 무너뜨리는 역사적 체험을 두 차례나 할 수 있었다. 민주화에 대한 자신감을 얻은 세대들이 성장할 수 있었다. 분단 시대의 문명적 사기를 인식하게 되면서 일제 시대와 분단 시대의 관계도 이해할 수 있게 되었다. 일제 시대의 청산과 함께 분단 시대의 역사도 청산하지 않으면 다음의 우리 역사를 새로운 시대로 주도해 나갈 수 없다는 것도 의식할 수 있게 되었다.

이처럼 적어도 남쪽의 분단 시대를 돌이켜볼 때 그것은 다음의 역사적 시대를 위한 새로운 세대를 준비하게 하는 시대가 되었다. 자유와 민주는 문명적 사기를 위한 명분이었지만, 우리의 세대들이 그것을 쟁취할 수 있었던 것은 오히려 분단 시대라는 역사적 기회 때문이었다고 할 수 있다. 역사는 그렇게 발전하는 것이다. 역사의 시대가 제공해 주는 기회를 그 시대 역사의 세대가 어떻게 참여하여 무엇을 성취해 내느냐에 따라서 다음의 역사적 시대가 열린다는 것이다.

이라크의 젊은이들은 지금의 전쟁에서 무엇을 체험하고 있을까? 미국이 내세우는 온갖 명분에도 불구하고, 오히려 그런 명분들 때문에도, 그것은 문명적 사기의 전쟁이라는 것을 그들은 의심할 수 없을 것이다. 게다가 바그다드를 점령한 미국이 그 곳의 박물관을 방치해 둠으로써 인류의 문화 유산으로 보존해 오던 소중한 문화재들을 도난당하거나 파손되게 했다는 사실은 도저히 용서가 될 수 없는 모독적 행위라고 생각할 것이다. 미국 군인의 그런 행위야말로 '문명적 야만' 이었다고 할 것이다. 문화적인 가치를 무시하는 행위가 '야만' 이며, 문명적인 힘을 과시하면서도 문화적 가치에 대한 배려가 전무한 행위가 '문명적 야만' 이기 때문이다. 월등한 미국의 군사력에 대항하는 그들의 분노와 각오를 짐작할 수 있다. 문명적 사기로 인식될 수밖에 없는 미국의 침략 전쟁을 그들은 버티어 낼 것이다. 그러면서 다음 시대의 이라크 역사를 주도해 나갈 준비를 할 것이다.

한편, 이라크 전쟁에 파병된 미국 군인들은 심한 정신적 갈등을 체험하지 않을 수 없을 것이다. 전쟁의 명분과 실제 전쟁에서 미국이 이라크 국민에게 하고 있는 파괴 행위가 맞지 않기 때문이다. '문명적 사기' 라는 개념으로 이해하지는 않더라도 자신들을 그 곳으로 보낸 미국 정부가 기만적인 침략 전쟁을 강요하고 있다는 것을 느낄 것이다. 자신들이 믿어 온 미국의 가치들, 미국의 국가적 이

미지가 이라크와 이슬람 사람들에게는 완전히 전도되어 있다는 사실을 인정하지 않을 수 없을 것이다. 미국이 이라크에 강요한 문명적 사기가 결국은 미국의 젊은이들을 정신적 혼란에 빠지게 하고 있다는 것이다. 이라크 전쟁에서, 문명적 사기 행위를 통하여 미국이 얻고자 한 것을 결국은 얻지 못하게 되리라는 예측도 가능하지만, 그러한 침략 행위의 대가로 미국이 감당해야 할 역사적 부담도 상상을 초월할 수 있다. 군사력만으로는 전쟁에서 승리할 수 없으며, 특히 문명적 사기의 요소가 개입된 전쟁에서는 군사력에 의한 승리가 보장될 수 없다는 역사적 교훈을 미국은 또 한번 배우게 될 것이다.

우리의 분단 시대는 대부분 정전의 상태로 지켜져 왔다. 미국과 소련이 시작한 분단 시대였고, 분명히 문명적 사기로 시작된 분단 시대였다. 하지만 문명적 사기로 이 분단 시대를 끝낼 수는 없으며, 미국이나 소련 또는 중국의 힘으로 끝낼 수도 없다. 그렇게 되면 또 다른 분단 시대로 이어지거나 또 다른 예속의 시대로 이어질 것이기 때문이다. 분단 시대를 끝내기 위해서는 우리의 힘으로 우리가 주도하는 역사의 시대로 이어질 수 있게 해야 한다.

분단 시대의 남쪽에는 그런 세대가 역사에 참여하는 체험을 통하여 성장했으며 준비되어 있다고 생각한다. 분단 시대의 북쪽에서는 어떤 역사의 세대가 성장할 수 있었는지 우리로서는 알 수가 없다. 이제 겨우 남북이 왕래하고 교류할 수 있는 문이 열리기 시작했으므로 서로를 알아갈 수 있는 기회가 온 것이다. 충분히 서로를 알기 전에는 서로에 대한 판단을 유보하는 것이 옳다.

최근 외교 문제에서 북쪽이 드러낸 주요 관심사의 하나는 미국과의 관계이다. 미국이 또 하나의 '이라크 전쟁'으로 체제를 위협할 수 있으리라는 우려를 하고 있다는 것이다. 핵문제나 테러 지원 문제 같은 것을 빙자하여 전쟁을 도발할 수 있다는 것이다. 물론 이번에도 전쟁의 명분과 실제 목적이 다른 또 하나의 문명적 사기가 될 수 있다는 것도 예상하고 있는 것 같다. 미국으로서는 한반도 전체를 미군의 전략적 기지로 확장하여 중국과 소련을 견제하고자 할 것이 당연하다. 하지만 중국과 소련이 그것을 허용할 수 없다는 것도 당연한 사실이다. 그렇다면, 미국이 획책할 수 있는 한 가지 전략적 방법은 그러한 미국의 문명적 사기 전술에 우리 남쪽이 하수인 노릇을 하게 하는 것이다.

북쪽은 우리에게 문을 열어 주면서도 미국의 개입과 영향력을 의식하고 있는 것이 분명하다. 우리가 미국과의 동맹 관계를 지켜 가는 한 그럴 수밖에 없다. 또 우리 남쪽에는 자유 민주주의와 시장 경제를 명분으로 내세워 북쪽에 대한 문명적 사기를 획책할 사람들이 상당수 있다는 것도 문제가 될 수 있다. 경제적으로 유력한 남쪽 사람들이 경제력을 이용한 문명적 사기의 방법으로 북쪽의 체제를 위협할 수 있다는 것이다. 독일의 통일을 '흡수 통일'이라고 하는 것도 서독의 경제력이 동독을 지배하고 예속화시킬 수 있도록 무차별 허용한 결과를 말하는 것이다. 경제적 계층 관계에서 일어날 수 있는 문명적 사기 행위를 방치해 준 결과라는 것이다. 침략 전쟁을 하지 않고도 지배와 착취를 가능하게 하는 문명적 사기의 방법이다.

우리는 흡수 통일을 원하지 않는다. 경제력을 이용한 문명적 사기의 방법으로 남쪽이 북쪽을 지배하게 되는 것을 원하지 않는다. 그것은 결국 미국의 문명적 사기에 놀아나는 짓이 될 수 있고 우리 쪽의 분단 시대를 연장하는 것이 될 수 있기 때문이다. 우리가 원하는 것은 분단 시대를 청산하고 새로운 역사의 시대로 나아가는 발전적 전략이다. 남쪽과 북쪽의 새로운 세대들이 동반자가 되어 새로운 역사의 시대를 열어 가는 일이다.

사실상 문명적 사기에 의한 착취라고 할 수 있는 선진국 자본가들의 투자와 투기의 방법은 지금까지도 우리에게는 속수무책의 뼈아픈 체험이 되고 있다. 그들에게 당한 문명적 사기의 술책을 우리의 자본가들이 북쪽으로 가서 적용하게 할 수는 없다. 남쪽과 북쪽이 경제적으로 대등하게 되는 그날까지는 철저하게 경계해야 할 제한 조건이다. 보호 조건이다. 남쪽과 북쪽의 이념적 차이와 체제적 차이를 서로 인정하면서 대등한 경제 성장을 위해 협력하는 조건이다.

침략 · 지배 · 착취를 뜻하는 문명적 사기를 고발하게 하는 것이 종교이고, 철학이고, 예술이다. 그런데 이라크 전쟁에 대하여, 이라크에서의 미국의 문명적 사기 행위에 대하여 미국의 종교 · 철학 · 예술이 대체로 침묵을 지켜왔다는 사실이 이상하다. 이슬람에 대한 기독교의 배타성이 종교의 침묵을 말해 주는 것 같다. 이념적 논쟁에 휘말리기를 거부하고 철학적 분석에 집착해 온 미국의 철학이니까 할 말이 없었던 것 같다. 과학 기술의 영향력 때문에 기술과 예술을 혼동할 정도로 기교적 실험에 몰두해 온 예술이니까 실천적 발언을 할 수 없었던 것 같다.

우리의 남북 관계에서도 종교와 철학과 예술은 문명적 사기를 고발하고 새로운 역사적 시대를 열어가는 일에 참여할 수 있어야 한다. 우리에게는 이슬람의 문제가 없지만, 기독교의 배타성은 여전히 문제가 될 수 있으며, 미국의 기독교가 문명적 사기를 묵인하고 협조해 온 전력이 우리의 기독교에 영향을 미치지 않도록 하는 것이 중요하다. 우리의 철학 역시 이념적 논쟁을 피해 온 것이 타성으로 남아서 아직은 실천적 용기를 회복하지 못하고 있다. 다행히 우리에게는 참여하는 문학과 예술이 있다. 우리의 분단 시대에 그 험난했던 반독재 민주화 투쟁에서 언제나 그 자리를 지켜 준 문학과 예술이 있다.

남북 관계에서도 우리의 문학과 예술이 앞장서서 방향을 잡아 주리라 믿는다. 그 뒤를 종교가 따라가고 철학이 따라가면 문명의 힘이 아닌 문화의 힘으로 통일의 길을 열고 새로운 역사의 시대를 약속할 수 있을 것이다.

마음의 안개

마음의 안개가 자욱하면 멀리 내다볼 수가 없다. 사방을 둘러보아도 보이는 것이 별로 없다. 공간적 시야가 좁아지는 것만이 아니라 시간적 시야도 짧아진다. 역사적으로 멀리 내다볼 수가 없다. 마음이 맑아야 한다는 것이 무엇을 의미하는지는 '안개 낀 마음'을 대비시켜 보면 더욱 분명해진다.

우리 주변에는 역사를 이야기하면서도 오늘의 세계와 지금의 국제 관계가 변하지 않고 그대로 100년은 유지될 것처럼 생각하는 사람들이 있다. 예컨대, 미국의 경제력과 군사력이 지배하는 '미국의 평화'가 변할 수 없다고 하는 것이라든지, 미국과 일본의 밀착 관계도 그대로 지속되리라고 하는 것이 그렇다. 미국이 일본을 시켜서 중국과 전쟁을 하게 할 것이며, 일본이 그 전쟁에서 승리하여 중국을 지배하게 될 것이라고 하는 것도 그렇다. 그런 식으로 오늘의 세계를 보는 사람들에게는 미국이 중국과 타협하지 않을 수 없게 될 가까운 미래의 가능성이 보일 수 없다. 미국이 자기네의 국익을 위해 일본보다는 중국에 가까워지기를 원하게 될 미래를 전혀 생각하지 못한다는 것이다. 뿐만 아니라, 미국과 일본의 관계도 일본이 중국과 가까워지기 위해 미국과는 멀어질 수 있는 변화도 가능할 수 있는 것이다. 또한 지금 일본의 우파 정치인들이 마치 한국과의 관계를 적대화할 듯이 행동하고 있는 것도 미국이 그렇게 조정하기 때문이라고 믿는 사람들이 있다. 그렇다면, 미국이 일본으로 하여금 한반도를 지배하게 하자는 말이 되고 마는데, 미국이 한국과의 관계를 그렇게 처리한다면 남북한 모두에서 반미 사상이 불가피하게 일어나지 않을 수 없을 것이다. 게다가 중국의 입장에서 보면 미국이 일본을 내세워 한반도를 친미화하게 하는 것을 그냥 내버려둘 수가 없을 것은 당연하다. 미국이 과연 그런 한반도 정책을 선택할 만큼 어리석다고 할 수 있을것인가?

북한에 대한 미국의 정책도 김정일 체제를 무력으로 무너뜨리면서 친미 정권을 세우고자 할 만큼 단순할 수는 없다. 그러나 바로 그런 변화가 북한에서 곧 일어날 것처럼 근시안적으로 보는 사람들이 있다. 이라크와 북한이 다른 점 중에는 중국의 존재가 있다는 사실을 간과하는 사람들이다. 뿐만 아니라, 북한 문제는 남한과의 관계를 신중히 고려하지 않을 수 없다는 것도 이라크와는 다른 점이다. 아마 몇 해 전까지만 해도 미국은 남한을 사실상 무시한 채 북한 문제를 해결하고자 했을지 모른다. 하지만 남한의 역할은 차츰 중요하게 인식되어 가고 있다. 지금까지는 당연시되어 왔던 남한에서의 미국의 간섭과 지배가 점차로 저항과 비판을 받기 시작했다. 분단 시대를 청산하기 위한 조건으로 남한이 미국으로부터 완전히 독립하는 새로운 관계의 정립이 필요하다.

남미의 여러 나라들이 미국의 영향력으로부터 독립해 가는 과정도 중요한 미래 역사의 방향이다. 중국과 함께 인도가 성장하고 있다. 러시아가 다시 국가 경쟁력을 회복하고 있다. 유럽연합이 미국에 대한 견제 세력으로 등장했다. 이라크 침략에 대한 비판이 미국의 지도 능력을 의심하게 한다. '미국의 평화'를 사실상 무의미하게 하는 세계가 되어 가고 있다.

마음의 안개가 걷히면 불확실하지만 미래 세계를 좀더 넓게 좀더 멀리 볼 수 있다. 그런데 왜 마음의 안개가 끼게 되는 것일까? 현실에 대한 관심은 또한 언제나 권력이나 경제력과 관련되어 있기 때문이다. 그런 관심이 나쁘다는 뜻이 아니라, 그런 관심을 갖지 않을 수 없는 선택이 그렇게 한다는 뜻이다. 기업인의 마음은 현실적일 수밖에 없다. 먼 미래를 내다보는 계획도 있어야 하지만 기업인의 마음은 당장의 현실적 변화에 민감할 수밖에 없다. 그런 현실감이 없으면 경쟁에서 살아남을 수가 없기 때문이다.

정치가의 마음도 현실적이다. 지배 권력에 민감할 수밖에 없다. 정치적 이상을 말해야 하지만 그런 것은 현실의 권력 구조에서 살아남기 위한 수단으로 봐야 한다. 한 번이라도 여당 정치인이 되어 본 사람은 언제라도 다시 권력 쪽에서 일해 보고픈 생각을 지울 수가 없다. 권력 맛을 본 정치가는 현실주의자가 되지 않을 수 없다는 것이다.

행정가의 마음도 현실적이다. 행정 체제에서 더 높은 자리에 오르고자 하는 마음은 현실에 충실하게 한다. 모든 것을 계산해서 처리한다. 행정적 현실이란 것을 가장 중요하게 여겨야 하기 때문에 꿈같은 미래를 지향할 수가 없다. 행정적으로 실현 가능하지 않은 정책은 무의미하게 여겨지기 때문이다. 예컨대, 우리의 남북한 문제도 행정가의 입장에서 보면 아직도 요원하게 보일 수밖에 없다. 정치적 협상을 하는 단계일지라도 행정적으로는 엄연한 벽이 존재하기 때문이다.

기업인의 마음, 정치가의 마음, 행정가의 마음이 현실주의적이고 보수주의적이라는 사실은 놀라울 것이 없다. 현실의 역사는 그런 마음의 사람들이 지켜 가야 하고, 현실적 문제의 해결은 그런 사람들의 마음이 관여해야만 가능하다. 마음이 맑은 사람들, 현실적인 관심으로 더럽혀지지 않은 마음의 사람들은 기업이나 정치나 행정에서 성공할 수 없다는 것도 놀라운 일이 아니다. 마음의 안개가 현실을 볼 수 있게 하는 데 오히려 도움이 된다는 뜻이다.

그런데 현실주의적 마음으로만 지배되는 역사는 위험하다. 방향 감각을 상실하게 될 위험성이 있다. 미국의 현실주의자들과 보수주의자들이 인류 사회를 불안하게 하고 있는 것도 이상주의나 진보주의적 생각을 지나치게 부정하고 거부하는 반동적 선택을 하고 있기 때문이다. 게다가 미국의 실용주의적 성향은 오랫동안 이상주의보다는 현실주의를, 진보주의보다는 보수주의를 선택하게 하는 쪽으로 영향을 미쳐 왔기 때문이다. 미국 사회에서 이상주의와 진보주의를 지켜 주어야 할 철학과 종교와 예술은 대체로 자본주의적 현실에 타협함으로써 그 기능을 상실해 버린 것이다. 철학은 역사 철학을 배제해 버렸다. 종교는 보수화되었다. 예술은 기교화되었다. 상업화되었다고 해야 할 것이다. 그러고 보면 종교도 상업화되었고, 철학도 상업화되었다고 해야 할 것이다. 자본주의적 현실주의가 역사에서의 진보와 이상을 가로막고 있다는 뜻이다.

철학은 마음을 맑게 한다. 종교도 마음을 맑게 한다. 예술도 마음을 맑게 한다. 다만, 현실 문제에 관심을 두면서 현실로부터 초연할 수 있는 마음을 지켜 가고자 노력할 때 가능한 철학의 길이고, 종교의 길이고, 예술의 길이다. 현실을 떠나 버리거나 현실에 무식해서는 안 된다. 현실을 이해하면서 현실의 권력과 경제력과 행정력이 이상적인 역사의 발전에 역행할 때는 쓴소리로 비판할 수 있어야 한다. 마음의 안개 때문에 역사의 미래를 볼 수 없는 사람들에게 발전하는 역사의 방향을 보여줄 수 있어야 한다.

철학이나 종교나 예술의 길은 현실적인 힘에 도전하기 위한 것이 아니다. 현실적으로는 불리한 위치에서 손해도 보고, 권력의 감시도 받아야 하고, 현실 사회로부터 축출을 당하면서도 맑은 마음으로 볼 수 있는 이상과 진보에 대한 발언을 하기 위해 선택하는 길이다.

과학적 묵시록

과학은 자연 현상의 원인 설명을 해준다. 주로 동력인적 원인 설명을 하지만, 동력인적 설명은 질료인적 설명과 연관되어 있으므로 질료인적 설명도 하게 된다. $E=mc^2$이라는 공식이 동력과 질료의 관계를 말해 준다. 과학은 또한 구조적인 설명을 하게 되고, 목적인적 설명을 기능인적 설명으로 대신하게 된다. 구조적인 설명은 형상인적 설명을 대신하는 것으로 되어 있다. 물론 구조적인 설명이나 기능적 설명이 형상인적 설명과 목적인적 설명을 완전히 대치할 수 있는 것은 아니다.

과학의 기능적 설명은 물리학에서의 역학 기능 설명과 화학에서의 화학 기능 설명, 그리고 생물학에서의 생명 기능 설명이라는 단계로 나누어 생각해 볼 수 있다. 그런 다음에는 의식 기능에 대한 과학적 설명이 문제시될 수 있다. 하지만 의식 기능의 영역은 과학적 설명의 한계를 드러내게 하므로 앞으로 과학의 발전이 의식 세계를 어느 정도 설명할 수 있을지 자신할 수 없게 한다.

과학적 원인 설명은 변화의 과정을 설명한다. 변화의 인과적 고리를 설명한다. 그러나 우리의 관심은 그런 변화의 과정 그 자체에 대한 질문을 하게 한다. 왜 그런 과정이 시작되었을까? 어떻게 시작되었을까? 하지만 과학의 원인 설명은 이러한 과정이 어떻게 끝날 것인가에도 관심을 갖게 한다. 왜 그런 과정이 무한히 지속될 수 없는 것인지도 질문하게 된다. 하지만 역시 과학적 설명의 대상 영역을 벗어나는 질문이 된다.

생명 현상과 의식 현상을 포함하는 자연 현상의 근원을 설명하는 문제와 종말을 설명하는 문제는 과학자들을 당혹하게 해왔다.

지금의 우주가 대폭발로 시작되었다는 설명을 근원적 설명으로 혼동하는 과학자들이 있다. 대폭발은 지금의 우주에서 일어나는 변화의 원인 설명에 필요한 하나의 거대한 우주적 사건이다. 그런데 폭발을 일어나게 한 근원 문제는 대폭발로써 설명될 수 있는 것이 아니다.

변화의 과정에는 '역사'의 개념이 적용되고 '시간'의 측정을 가능하게 하기 때문에 대폭발로 시작된 변화의 과정을 하나의 과정으로 보는 시간의 역사를 말할 수도 있다. 하지만 '역사'라는 개념과 '시간의 역사'라는 개념을 쓰게 되면, 도대체 그런 역사의 시작과 종말은 왜 있느냐라는 문제를 생각하지 않을 수 없다. 이것은 원인 설명, 즉 근원과 종말에 관한 원인 설명이면서 또한 그것의 의미를 묻는 질문이 될 수 있다. 이유를 묻는 질문이 될 수 있는 것이다.

우리 인간이 이런 근원과 종말에 관한 질문을 할 수 있게 된 것이 언제쯤인지는 알 수 없으나 신화에서 종교에서 그런 문제에 대한 여러 가지 답을 볼 수 있다는 것은 놀라운 사실이다. 『구약성서』의 창조 이야기는 그런 인간적 해답의 하나이다. 이 세상이 존재하게 된 근원의 원인과 이유를 설명해 주는 해답이다. 하지만 그것은 과학적 해답이 아니다. 과학적 탐구 방법이 등장하기 이전에 만들어진 이야기이기 때문이다. 뿐만 아니라, 과학적 방법을 이해하는 지금의 세상에서 볼 때도 그런 근원의 문제는 과학이 해답할 수 없는 문제 영역에 속하기 때문이다.

과학자들 중에는 그런 창조의 이야기를 '과학적' 이야기인 것처럼 착각하는 사람들이 있다. 근원 설명을 '과학적으로' 해야 한다는 생각 때문일 것이다. 이들이 문제로 제기하는 것은 우리 인간의 출현을 진화론만으로는 설명할 수 없다는 사실이다. 충분한 설명이 되지 못한다는 것이다. 그렇다고, 창조의 이야기를 그대로 받아들이자고 하는 것은 비약이고 착각이다. 생명의 세계도 변화의 과정을 보여주고 있으며, 그 변화의 과정은 '역사적'이고, 그것은 곧 '진화적'이라는 것이다. 그러나 왜 그런 진화의 역사가 일어나고 있는지, 또한 왜 특정한 방향으로의 진화적 변화가 일어나고 있는지를 설명하는 것은 아니다. 역사적 변화의 과정을 설명하는 진화론은 서술적인 설명으로 제한되는 부분이 강하므로 원인 설명으로서는 충분하지 못하다. 근원 설명이라고 할 수는 없다. 그러나 근원 설명을 종교적인 창조 이야기에 맡기더라도 생명 세계의 변화 과정을 진화의 역사로 서술하는 설명은 여전히 유효한 것이다.

창조냐 진화냐라는 대립적 문제 제기는 종교냐 과학이냐를 대립시키는 것과 같다. 과학자들의 문제가 아니다. 문제 영역이 서로 다른 것을 대립시키는 착각이다.

과학은 생명 현상 또는 생명 기능의 필요 조건은 설명할 수 있다. 과학의 역사가 이러한 필요 조건의 설명을 가능하게 한다. 생명을 '개체 생명'으로 보는 것에서, 장회익 교수의 제안처럼, '온생명'으로 보는 것이 가능하게 되었다. 이러한 과학은 이제 이 지구상에서 생명계가 더이상 존재할 수 없게 될 상황의 조건을 말할 수 있다는 것이다. 물론 우리 인간의 관심은 인류의 종말에 있다고 해야 할 것이다. 공룡이 멸종했던 것처럼 우리 인류도 이 땅 위에서 멸종할 수 있기 때문이다. 인류의 멸종이 생명계의 종말을 말하는 것은 아니지만, 결국은 생명이 일체 존재할 수 없는 행성으로 변할 수 있다는 것도 과학은 예상하고 예측할 수 있을 것이다. 생명계의 종말은 인류의 멸종을 포함하는 사건이므로 동시적인 하나의 사건으로 모든 것이 끝날 수도 있으며, 인류의 멸종이 먼저 일어나고 다른 생명들의 세계는 상당한 역사의 시간을 이어가는 변화가 될 수도 있을 것이다.

과학은 이제 이러한 종말 이야기를 과학적으로 예상하고 예측할 수 있게 되었다. 생명 세계의 필요 조건에 대한 이해와 설명이 이러한 종말 이야기, 즉 과학적 묵시록을 가능하게 해준다.

그런데 공룡의 종말과 인류의 종말이 다른 것은 멸종 이후에 무엇을 남기느냐가 우선 다르다. 공룡에게는 우리와 같은 문화가 없었다. 종말에 관한 묵시록도 없었다. 우리는 이유를 묻고, 의미를 묻고, 무엇을 남길 수 있을까를 묻는다. 하지만 종말은 이 모든 것을 무의미하게 만드는 것일까? 문화의 역사가 허무한 것으로 종말은 모든 것을 끝내 버릴 것인가? 그처럼 허무하게 끝나 버릴 것이었으면 왜 그런 역사가 시작되었던 것일까? 시작도 무의미하고 끝도 무의미한 역사가 도대체 왜 존재하게 되었을까?

과학적 묵시록은 종말에 대한 과학적 예측만을 의미하는 것이 아니다. '묵시록'은 '계시록'을 뜻한다. 계시적 의미를 포함하는 것이다. 하지만 계시의 기능은 과학적 방법에 포함될 수 없는 것이다. 따라서 '과학적 묵시록'은 과학적 예측에 근거한 종말을 말하면서도 단순한 예측으로 끝날 수 없는 의미를 필요로 한다. 과학적 범위를 벗어나는 것이지만 과학적 예측에 근거한 종말 예측으로 시작된다는 뜻이다.

과학적 예측의 종말이 과학적 묵시록이 되기 위해서는 과학이 종교와 만나야 한다. 철학과도 만나고, 문학과 예술과도 만나야 한다. 과학적 예측으로 종말을 말하는 것으로 끝나 버리면 허무주의로 빠지게 할 수 있다. 과학적 예측을 믿을 수 있기 때문에 더욱 그렇다. 하지만, 그런 의미에서 내일 종말이 온다고 할지라도 오늘 한 그루의 사과나무를 심겠다고 한 스피노자의 말은 허무주의에 빠질 수 없는 의미의 세계를 함축한다.

내일 종말이 온다고 할지라도 오늘 우리는 예술적 창작을 계속할 것이며, 역사 철학을 논할 것이다. 존재의 의미와 역사의 발전을 축복으로 생각하는 종교적 신앙을 잃지 않을 것이다. 이 세상이 과학적 설명이 말해 주는 것처럼 기능적 목적으로만 결정되는 것이 아니라 그런 기능적 목적을 초월하는 형상적 아름다움을 지향한다는 사실은 중요하다. 기능적으로 결정되는 구조도 중요하지만, 그런 구조가 허용하는 형상의 아름다움은 기능적 가치를 초월하는 목적적 가치를 드러낸다.

잠시 피었다가 지는 사막의 꽃들처럼 자연 조건이 맞기 때문에 가능하게 된 진화의 역사와 문명의 역사, 그리고 문화의 역사는 자연 조건이 더 이상 허용하지 않으면 멈출 수밖에 없다. 모든 것이 허무하게 끝나 버리는 것이 아니라 기다리는 역사의 시간으로 들어가 버린다는 것이다. 꽃을 피게 하는 역사의 시작이 있었기 때문에 그 역사의 의미가 꽃을 지게 하는 역사적 사건에도 적용될 것이기 때문이다.

과학적 묵시록은 역사의 의미를 말해야 하기 때문에 과학적 예측의 종말을 이야기하면서도 역사의 근원과 종말, 그리고 역사적 발전의 의미를 이야기하기 위해 과학을 초월할 수밖에 없다. 종교와 예술과 문학과 철학을 받아들일 수밖에 없다.

VI

철학적 散文

소수 정예의 교육

포항공대의 인연

스승과 제자의 관계

없어져 가는 것들

소수 정예의 교육

포항공대는 소수 정예를 위한 교육을 목표로 한다. 포항공대생 모두가 그런 소수 정예에 해당한다는 뜻이다. 그런데 철학 시험 채점을 해보면 열 명 중 한 명 정도가 그야말로 소수 정예라는 생각을 하게 된다. 철학 시험은 강의 내용을 이해해서 답을 쓸 수 있는 그런 시험이 아니다. 지식에 대한 시험이 아니라 철학적인 문제에 대하여 스스로 생각해 보게 하는 철학적 사유 능력을 평가하는 시험이다. 한 학기의 철학 강의는 그런 사유 능력과 관심에 대한 평가를 해야 하는 것이므로 문제의 범위와 방향을 제한해 주면서 충분히 생각하여 답을 쓸 수 있게 한다. 문제를 나누어 주고 답안지를 제출하기까지의 시간을 2주 정도 주게 된다. 이런 조건으로 각자의 생각을 정리하고 전개한 답안을 채점해 보면 한 학기의 과정이지만 철학적 사유의 능력이라는 측면에서만 평하더라도 참으로 우수한 학생들과 그렇지 못한 학생들의 차이가 뚜렷하게 나타난다. 물론 강의에 성실하게 출석하지 않은 학생들이나 철학적 사유에 쉽게 적응하지 못하는 학생들도 명확하게 구별이 된다.

어떤 집단에서든 참으로 우수한 소수가 있을 수 있다. 포항공대의 한 학년 정원이 300명이므로 그 정도 집단이면 우수한 소수를 가질 수 있을 만하다. 하지만 소수 정예의 교육을 목표로 한다고 할 때는 300명 모두를 소수 정예로 생각한다는 뜻이다. 특수한 소수가 300명 중에 몇 명이 있느냐 하는 것은 문제시할 필요가 없다. 300명 모두를 소수 정예로 교육하는 것이 문제가 된다. 철학 시험의 채점에서 드러나는 현상은 수강생의 다수가 제대로 된 교육을 받지 못하고 있다는 것을 말해 주기 때문이다.

포항공대생들 대부분은 종교 · 철학 · 문학 · 예술 · 역사 · 사회 문제에 무관심하고 무지하다는 것을 강의 시간의 대화나 철학 시험의 답안에서 볼 수 있다. 이공계 학생들을 소수 정예로 교육하는 데는 과학과 공학에서만 우수하게 교육하면 된다고 할 수 있을까? 과학이 공학을 위한 기초 학문으로서 필요하다는 것만 고려한다면 소수 정예로서의 이공계 교육을 그렇게 제한해도 좋을 것이다. 그러나 과학과 종교, 과학과 철학, 과학과 문학, 과학과 예술, 과학과 역사, 과학과 사회의 문제가 이미 중요한 문제로 제기되고 있으며, 역사와 문화에 대한 과학의 책임이 신중히 논의되고 있다. 이공계 학생들을 위한 대학 교육을 일반 대학생들을 위한 교육과 차별하여 제한할 수 없게 되었다는 뜻이다. 소수 정예를 위한 대학 교육은 과학과 공학만이 아니라, 인문학과 사회과학, 그리고 예술 분야까지 포함하는 전인적이고 포괄적인 교육으로 고려되어야 한다는 뜻이다. 그러한 대학 교육에는 대학 문화라는 환경적 조건도 중요한 요인으로 작용하지 않을 수 없다.

미국 유학 시절에 '소수 정예 교육'이란 말을 내가 처음 들은 것은 프린스턴에서였다. 대학 학부를 졸업한 후 프린스턴 신학교에 가 있을 때였다. 신학 대학은 프린스턴대학교 안에 있었으므로 길 하나 사이에 둔 가까운 거리였으며, 신학교 학생들도 누구나 프린스턴대학교의 교정을 마음대로 드나들면서 그 시설을 이용할 수 있도록 개방해 주었다. 아마 미국의 모든 대학 캠퍼스 중에서 가장 아름다운 캠퍼스라고 할 수 있는 곳이 프린스턴 캠퍼스가 아니었던가 생각한다.

캠퍼스 중심부에 있는 대학 도서관을 자유롭게 이용할 수 있었다는 것은 내게 새로운 세계를 열어 주는 체험으로 남아 있다. 일요일이면 자정이 넘도록 학생들로 꽉 차 있는 도서관이었다. 개방된 서가 사이를 돌아다니면서 마음이 가는 대로 이런저런 책들을 읽을 수 있었다. 원하는 책은 어떤 것이든 다 찾아볼 수 있다는 생각을 하게 한 그 풍요로움은 태평양을 항해할 때처럼 내 마음을 크게 해주었다.

프린스턴 캠퍼스에는 아름다운 대학 교회가 자리잡고 있다. 기독교 개신교의 특정 교파에 속하지 않는 교회라고 했다. 그 당시 대학 교회의 목사님은 「콰이 강의 다리」라는 영화의 원저자라고 했다. 그런 작품을 쓸 수 있는 분이 대학 교회의 목사님으로 와 계시다는 사실이 내게는 여러 가지 새로운 의미를 더해 주었다. 미래의 목사가 될 신학교 학생들에게 그런 목사님이 영향을 줄 수 있어야 한다고 생각했다.

프린스턴 철학과의 카우프만(Kaufmann) 교수는 매주 한 번씩 외부 교수 초청 세미나를 열어 주었다. 누구나 참석할 수 있는 공개

세미나였으며, 교수님의 연구실에서 모였기 때문에 대부분 마룻바닥에 앉아서 들어야 하는 세미나였다. 높은 수준의 철학 세미나였으므로 그냥 듣고 이해하는 것만으로도 내게는 벅찬 일이었지만 그런 학문적 분위기에 참여해 본다는 것이 무엇보다 중요한 체험으로 남아 있게 되었다. 이화여대에서 금요일 저녁마다 남녀 대학원생들 25명과 함께 인지과학 세미나를 갖게 된 것은 그 때의 체험이 준 생각 때문이었을 것이다. 나의 연구실에서 모인 인지과학 세미나는 4년 동안 계속되었다.

한 번은 대학 게시판을 지나가다가 흥미로운 안내문을 보았는데 지금까지도 잊을 수 없는 내용이었다. 대학 3학년 학생이 쓴 소설이 유명 출판사에서 출판이 되어 축하회를 한다는 공고였다. 영문학 강의의 과제물로 쓴 것이 그대로 소설로 출판되었다는 것이었다. 물론 천재적인 한 학생의 예외적 성취라고 해 버릴 수도 있겠지만, 그런 한 사람이 나올 수 있게 하는 분위기를 생각해 보면 훨씬 더 많은 학생들이 그런 글을 쓸 수 있는 가능성의 교육을 받았으리라 짐작할 수 있다. 그야말로 소수 정예를 위한 교육이었으리라 생각되는 것이다.

프린스턴에서의 체험 중에는 충격적이라고 할 또 한 가지 일이 있었다. 1960년 4월의 어느 봄날이었다. 저녁 식사를 마치고 모두들 교정에서 봄 향기에 취해 있는데 갑자기 폭동이 일어난 듯한 소란스런 소리가 들려왔다. 프린스턴 시가에 하나밖에 없는 중앙로 쪽에서 들려오는 소리였다. 모두들 그 쪽으로 뛰어가 보았다. 프린스턴 대학생들 수백 명이 그야말로 폭도가 되어서 중앙로의 서쪽에서부터 동쪽으로 휩쓸며 지나가고 있었다. 길가에 주차된 자동차들을 뒤집어 버리고, 상가의 유리창들을 부숴 버리는 폭동이었다. 아무도 말리는 사람이 없었다. 놀란 시민들은 지켜보고만 있었다. 폭동의 무리는 상가가 끝나는 동쪽 지점까지 가서 멈추더니 아무 일도 없었던 것처럼 뿔뿔이 흩어져서 중앙로의 남쪽에 인접해 있는 캠퍼스 안으로 사라져 버렸다. 다음날 아침 신문에 그 사건에 대한 보도가 나왔다.

저녁 식사를 마친 후 캠퍼스 잔디밭에서 놀고 있던 학생들 중 어느 하나가 "우리 데모 한번 하자!"고 소리쳤다. 주변의 학생들이 동조하면서 기숙사 안에 있던 친구들도 불러내었다. 그렇게 모인 수백명의 데모대가 폭동의 행진을 하게 되었다는 것이었다. 별 다른 이유가 없었다는 것이다. 시민의 대표들과 프린스턴 대학의 대표들이 모여 대책위원회를 구성한 후 논의한 결과 파손된 차량과 상가에 대한 보상은 프린스턴 시와 대학교에서 나누어 부담하기로 했다는 것이었다. 학생들에 대한 처벌은 일체 없었다. 4월의 봄기운과 젊은이들의 정서 때문에 일어난 일이라고 해버렸다는 함축적 설명이 있었을 뿐이었다. 이럴 수가 있느냐고 반문했었지만 소수 정예를 위한 교육이 어떤 것인가를 두고두고 생각하게 한 충격적인 사건이었다. 계명대학 · 연세대학 · 이화여대 · 포항공대에서 학생들의 징계 문제가 일어났을 때, 나 자신의 판단과 선택에 깊이 영향을 준 사건이었다.

미국 대학의 주말은 금요일 오후에 시작된다. 우리 나라 대학에서는 아직도 주중과 주말의 차이가 뚜렷하지 않다. 모든 학생들이

기숙사나 캠퍼스 부근 하숙집에서 살고 있는 미국 대학의 생활에서는 학업에만 열중하는 주중과 학업에서 완전히 떠나 버리는 주말이 명확하게 구별된다. 주말의 완전한 휴식이 주중의 학업에 도움이 된다는 것도 이유가 되겠지만, 주말을 캠퍼스에서 즐길 수 있는 여러 가지 여건이 마련되어 있다는 것도 중요한 이유가 된다. 주말이면 학생들이 집이나 하숙집을 찾아 떠나 버리는 우리 나라 대학에는 주말 문화라는 것이 없다. 수업이 있는 주중의 캠퍼스에서 대학 생활도 즐기고자 해야 하기 때문에 대학 문화가 제대로 형성될 수가 없다.

프린스턴 신학교는 모든 학생들이 주말이면 목회 실습을 위해 교회들로 나가야 하기 때문에 주말의 캠퍼스는 폐허처럼 썰렁해질 수밖에 없었다. 나도 금요일 오후마다 프린스턴 역에서 기차를 타고 윌밍톤의 장로 교회로 실습을 나갔다. 뉴욕과 필라델피아 사이의 기차 길에서 프린스턴까지만 들어왔다가 다시 나가는 기차였는데, 금요일 오후마다 수백 명의 남학생들이 기차역 승강장에서 자기 짝을 기다리고 있었다. 초조하고 지루한 시간이 지나고 나면 여섯 칸 차량에 여학생들로만 가득 찬 기차가 종착점인 프린스턴역으로 들어왔다. 기차에서 내리는 여학생들은 제각기 자신의 남학생 짝을 찾아서 그 아름다운 프린스턴 캠퍼스로 사라지는 것이었다. 텅 빈 기차에는 나와 같은 신학생들 몇 명만 앉아서 프린스턴 역을 빠져나가고 있었다.

프린스턴의 주말 문화를 위해 찾아오는 여학생들은 뉴욕과 필라델피아 지역에 흩어져 있는 명문 여자 대학의 학생들이라고 했다. 금요일 밤과 토요일 밤을 프린스턴에서 보내고 일요일 오후에 프린스턴 역에서 남자 친구와 작별한다는 것이다. 프린스턴 대학은 남자 대학으로 남아 있고자 버텼으나 결국 남녀 공학으로 바뀌지 않을 수 없었다고 한다. 소수 정예를 위한 정서 교육과 대학 문화에서 남녀 관계를 중요시하지 않을 수 없기 때문이었을 것이다.

소수 정예의 교육을 목표로 한다는 포항공대의 대학 문화를 생각해 보면서 앞으로의 역사에 기대해 볼 수밖에 없는 아쉬운 점들을 느끼게 한 나의 체험이었다.

프린스턴 신학교에서의 교육을 중단하고 대학원 철학과를 선택할 때 프린스턴 대학원을 택하지 않은 것은 그곳이 너무 '귀족적'이라고 생각했기 때문이었다. 소수 정예를 위한 교육은 소수 '귀족'을 위한 교육이라고 느꼈기 때문이었다. 미시간대학교의 분위기는 아주 대조적이었다. 사회 운동에 참여하는 학생들이 지배하는 분위기였다. 당시 미국 대학 학생 운동의 중심지가 미시간 캠퍼스였다고 할 수 있다. 거대한 종합 대학이었으므로 소수 정예를 위한 교육이 될 수는 없었다. 하지만 미시간에서는 누구나 스스로 선택하여 노력하기만 하면 소수 정예로 성장하는 교육을 받을 수 있었다. 소수 정예로 키워 줄 교수님들이 있었으며, 소수 정예로 성장해 가는 동료 학생들도 있었다. 대학원 철학과에서 만난 동료 학생들이 그런 소수 정예였으며, 그곳의 철학과 교수님들이 그런 분들이었다. 윤리학의 프랑케나(Frankena) 교수와 논리학의 버크스(Burks) 교수는 내가 오늘 여기에까지 철학자의 길을 지켜올 수 있도록 해준 나의 정신적 지주로 남아 있는 분들이다.

우리 나라 대학에는 소수 정예를 위한 교육 여건이 마련되어 있지 못한 실정이다. 포항공대는 소수 정예의 교육을 표방하면서도 그런 대학 문화를 만들어 내지 못하고 있다. 다른 대학들은 대량화와 평준화를 통하여 살아남아야 하기 때문에 소수 정예를 위한 배려는 상상할 수도 없는 것 같다. 학생이 스스로 선택하여 소수 정예로 성장하고 싶어도 그런 싹을 보호하고 키워 줄 교육 환경이 마련되지 못한 실정이라는 뜻이다. 대학의 역사가 짧기 때문이라고 할까? 교육을 책임진 사람들의 생각이 아직도 소수 정예의 교육에까지는 미치지 못하기 때문이라고 할까?

포항공대의 인연

역사적 사건의 의미

내가 포항공대와 인연을 맺게 된 것은 포항공대의 교양 교육 개선을 위한 연구 위원회에 참여했기 때문이었다. 서울의 몇몇 대학에서 분야별로 초청받은 연구 위원들은 여러 차례 모임을 통해 교양 교육 개선의 청사진을 마련했다. 그 청사진을 포항공대 내의 관련 교수들에게 보고하는 것으로 연구 위원회의 업무는 완료되었으나, 결국 그 연구 위원들 중 한 사람이 직접 포항공대로 와서 교양 교육 개선 작업을 주도해 주어야겠다는 청을 받게 되었다. 아마 이화여대와 포항공대의 특별한 관계 때문에 내가 그 일을 맡게 되었으리라 생각한다.

먼저 '교양학부'를 '인문사회학부'로 바꾸고, 준비된 청사진대로 개혁 작업을 해나갔다. 그런데 첫 학기가 끝나기도 전에 '교양학부' 개혁을 반대하는 이공계 교수들의 의견이 강하게 표현되었다. 개혁을 원했던 총장 · 부총장 · 교무처장 등이 이공계 교수들의 반대 의견에 '굴복'해 버렸다. 이공계 교수들의 다수 의견을 반영한다는 조직적 거부와 비판이 곳곳에서 기회가 있을 때마다 표출되었다. 개혁의 꿈은 허무하게 깨어져 버렸다. 그러면서 조직적 거부와 비판은 인문사회학부 교수들 개개인에 대한 중상모략으로까지 이어졌다. 터무니없는 내용으로 비방하는 언어 폭력이 자행되었다. 내 생애에서 처음 당해 보는 수모였다. 언어 도단이고 언어 폭력이었다. 비판과 비방의 내용은 너무 황당한 것이었으므로 무시해 버릴 수 있었다. 하지만 그런 수모를 당해야 한다는 사실은 그냥 넘겨 버릴 수 없었다. 인문사회학부 개혁을 반대한다는 집단의 의견은 받아들일 수 있었다. 그러나 개인적인 인신 공격의 의도와 의미는 수긍할 수가 없었다.

그런 일이 있은 후, 몇 해가 지났을 때였던 것 같다. 인문사회학부 교수회에서 발전 계획에 대한 의견을 모아 보는 기회가 있었다. 대학 전체에서 추진하고 있던 의견 수렴이었으므로 인문사회학부에서도 참여하게 된 것이었다. 한 사람씩 돌아가면서 의견을 말하는데, 한 동료 교수가 솔직한 심정으로 털어놓았다. "저는 이상을 포기했으므로 할 말이 없습니다." 내가 하고 싶은 말이었다. 지금까지도 인문사회학부 교수들은 발전 계획에 대한 토의를 하자고 하면 우선 회의적인 반응을 보인다. 인문사회학부의 개혁과 발전을 위한 내용은 사실상 제외되어 있기 때문이다.

내가 포항공대로 와서 겪게 된 이 어처구니없는 사건이 내게 남긴 문제는 두 가지였다. 내가 가지고 온 이상과 꿈은 깨어져 버렸으니 다른 어떤 것에서 나의 이상을 찾아야 하는 것이 문제로 남았다. 교육의 현장은 이상을 위한 작업장이다. 교육자는 이상을 포기할 수 없다. 더욱이 철학자는 언제나 이상의 편에서 연구도 하고 교육도 하고 실천도 해야 한다. 인문사회학부장으로 할 수 있는 일은 2

년의 임기 완료와 함께 끝나 버렸으니까 이제는 철학 교수로서 나의 이상과 꿈을 다시 찾고 확인해야 하는 일이 남았다는 생각을 하지 않을 수 없었다.

그러나 내게 더 큰 문제로 남아 있게 된 것은 내가 겪어야 했던 수모와 고통의 의미에 관한 것이었다. 도대체 내가 왜 이런 고통을 겪어야 하는 것일까? 내가 무엇을 잘못했기 때문인 것은 아니다. 내가 그런 심한 고통을 당해야 할 과오를 범했기 때문인 것이 아니다. 그렇다면 이 고통의 의미는 다른 데 있어야 한다. 지금은 이해할 수 없는 일이지만 역사를 통하여 지금의 일들이 의미를 갖게 될 때, 그때에 비로소 지금의 이 고통이 무슨 의미를 갖는지도 이해할 수 있을 것이다. 역사의 과정을 통해서만 그 의미가 밝혀지는 일은 그 일이 일어날 당시의 사람들에게는 이해가 될 수 없는 의미로 남아 있게 된다는 것이다. 예수를 십자가 형으로 처형한 사람들은 그 사건이 어떤 역사적 의미를 지니고 있었는지를 이해할 수가 없었다. 그들은 그들이 하고 있는 일이 어떤 일이라는 것을 알지 못하고 있었다. 바로 그런 이유 때문에 예수는 하느님이 저들을 용서해 주시기를 청원했던 것이다.

강의실 철학

포항공대로 처음 올 때부터 나는 이공계 학생들만을 대상으로 철학 강의를 해야 한다는 사실을 마음에 두었다. 전에는 여기서도 철학 강의가 폐강 위기에 처하기도 했다는 사실 역시 이공계 학생들만을 대상으로 해야 하는 철학 강의라는 것을 신중히 고려하지 않았기 때문일 것이라고 생각했다.

우선 수학과 과학을 이해하는 철학자가 아니면 철학 강의에서도 이공계 학생들과 대화를 할 수 없다. 대화를 위한 공통의 언어에서 제한을 받게 된다는 뜻이다. 철학적 문제를 과학적 문제와 관련시켜서 논의하는 대화를 해야 하기 때문이다. 철학적인 언어만을 사용하면서 철학적 지식을 가르치고자 하는 강의는 이공계 학생들에게 아무런 도움이 될 수 없다. 철학적 지식을 교양의 자료로 여긴다면 그런 정보는 철학 강의를 통해서 얻어야 할 이유가 없다. '교양학부'라는 이름이 '교양 강의' 정도로 만족한다는 생각을 하게 하기 때문에 '인문사회학부'로 고쳐 준 것이다.

교양 강의가 지식의 전달 또는 주입을 위한 것이고, 그러기 위해서는 재미있게 인기 위주로 대중 강연처럼 해 버릴 수 있는 것이라면 그런 교양 강의는 대학의 강의가 될 수 없다. 그런 교양 강의의 철학은 이공계 대학생들에게 아무런 도움이 될 수 없다. 이공계 학생들에게 철학 강의가 필요한 것은 먼저 수학이나 물리학과 대등한 학문으로서의 철학을 인식할 수 있도록 해야 하기 때문이다.

그리고 나아가 철학적 문제가 수학이나 물리학의 문제와 다른 차원의 문제이면서도 서로 관련될 수 있는 문제라는 것을 보여주어야 하기 때문이다. 수학의 논리와 과학의 언어에만 익숙한 이공계 학생들에게 철학의 논리와 철학의 언어도 대등하며 심오하고 폭넓은 사유를 가능하게 한다는 것을 보여주어야 하기 때문이다.

철학이 어려운 것은 철학적 문제의 깊이와 폭이 요청하는 사유의 어려움 때문이다. 바로 그러한 철학의 어려움 때문에 수학과 물리학을 기초로 하는 이공계 학생들에게 철학이 도움을 줄 수 있다는 것이다. 철학은 인문사회계 학문 분야 중에서는 가장 어려운 분야로 인식되고 있다. 인문사회계에서 '더 어려운 분야'를 찾아 전공을 옮겨 다니던 학생이 결국은 철학에서 안착하게 되었다는 이야기가 있다. 철학 강의에서 학생들은 최고 수준의 지성과 만나는 체험을 하게 된다. 수학에서도, 다른 과학의 분야에서도, 또다른 인문사회계 분야에서도 최고 수준의 지성과 만날 수 있지만, 철학에서의 만남은 좀 특이하다. 철학적 사유의 힘은 곧 논리적 사유의 힘이어야 하기 때문이다. 수학을 포함하여 다른 모든 학문의 분야는 제한된 논리를 학문적 방법론으로 적용하고 있다. 그것은 학문의 대상세계를 제한하는 것과도 관련된 문제이다. 하지만, 가장 포괄적이어야 하는 철학은 논리의 제한을 허용할 수 없다. 철학자가 만일 철학적 사유의 논리를 제한하여 적용한다면 그것은 능력의 제한 때문이라고 이해할 수밖에 없다.

철학 강의에서 학생들이 만나게 되는 최고의 지성을 '소크라테스'로 지칭하기도 한다. 소크라테스와 대화를 한 사람은 누구나 자신의 무지를 깨닫게 된다는 것으로 전해지는 만남이다. '무지'는 물론 무식을 말하는 것이 아니다. 지식을 가르치기 위한 대화가 아니라는 뜻이다. '무지'는 지혜에 대한 개념으로 이해하는 것이 옳다. 즉, 판단 능력의 부족함을 의미하는 것이고, 특히 철학적 사유 능력의 부족함을 의미하는 것이다. 소크라테스와의 대화는 자신의 사유 능력을 스스로 시험해 보게 하는 계기가 된다는 것이다.

철학 강의가 이러한 소크라테스와의 만남이 되어야 한다고 할 때 그것은 강요될 수 있는 것이 아니다. 스스로 그러한 만남을 원하지 않는 학생들에게는 소크라테스와의 대화가 이루어질 수 없다. 최고의 지성과 만나서 자기 자신의 사유 능력을 그 한계에까지 시험해 봄으로써 철학적으로 성장하고자 하는 마음이 있어야 한다는 것이다. 아인슈타인이 흄이라는 철학자를 만나서 영향을 받았다는 사실과 하이젠베르크가 칸트라는 철학자를 만나서 영향을 받았다는 사실은 모두 철학적 사유를 통한 성장이 과학적 사유에 도움이 될 수 있다는 것을 말해 준다.

포항공대 학생들에게 철학 강의를 한다는 것은 철학적 사유가 과학적 사유에 영향을 주어 미래의 아인슈타인이나 하이젠베르크를 낳게 할 가능성을 생각하게 한다. 역사적인 만남이 되어 미래의 과학을 꽃피게 할 수 있는 인연의 고리를 생각하게 한다. 창조적 역사를 가능하게 하는 인연의 고리는 어디서 어떻게 이어질 것인지 알 수 없다. 수많은 과학자들이 철학자 흄의 영향을 받았었지만 역사의 고리를 위해 필요했던 것은 아인슈타인과의 만남이라는 한 가닥 인연이었다. 철학 강의를 애정과 열정으로 하지 않을 수 없는 것은 그런 역사적 인연의 가능성 때문이다.

메타사이언스로서의 철학

포항공대의 인문사회학부장이란 직책으로부터 자유로워지면서 나는 포항 생활의 또 다른 의미를 찾게 되었다. 강의와 연구에만 집중할 수 있는 '귀양살이'라는 생각을 하게 되었다. 어쩌면 포항은 서울에서 가장 먼 곳인지도 모른다. 서울에서 일어나는 학회 활동으로부터 공간적으로 격리될 수 있게 해주는 곳이다. 포항에 와 있다는 핑계로 학회 활동에 참여하지 않을 수 있다는 것이 스스로 선택한 '귀양살이'가 되게 한 것이다. 주말에 서울로 갈 때도 특별히 약속한 일이 없으면 동숭동 대학로에 가서 혼자의 시간을 갖는다. 포항에서의 '귀양살이'를 공간 이동으로 연장한 것에 지나지 않는 나의 시간, 나의 공간이 되게 한다는 것이다. 서울과 포항을 오가는 기차 여행도 내게는 사색의 시간이 될 수 있어서 좋다.

'귀양살이'는 일종의 '강요된 선택'이다. 강요된 것이지만 스스로 선택하여 생산적인 시공간이 되도록 할 수 있다는 것이다. 내게는 '메타사이언스'라는 개념을 중심으로 나의 철학을 정리해 볼 수 있는 귀한 시공간이 되었다.

고대 그리스 철학에서는 physics에 대한 metaphysics가 필요했듯이 현대 철학에서는 science에 대한 metascience가 필요하게 된 것이다. 또한 metaphysics가 physics가 아닌 것처럼 metascience도 science가 아니다. 그러면서도 physics를 바탕으로 해서만 metaphysics를 논할 수 있듯이 science를 바탕으로 해서만 metascience를 논할 수 있다. 그러나 metaphysics는 철학의 한 분야로 정착되면서 점차로 physics와의 관계를 망각해 버리게 되었다. 철학이 구름잡는 소리를 한다는 비방은 소위 '형이상학'의 세계라고 하는 영역에서는 무슨 소리를 해도 좋다는 생각 때문에 듣게 된 비판이다. 19세기 말까지도 서양 철학의 형이상학은 구름 잡는 소리를 하고 있었기 때문에

20세기의 서양 철학에는 '과학 철학'과 '분석 철학'이라는 새로운 분야들이 등장하게 되었던 것이다. 철학적 언어의 의미를 철저하게 분석하고, 형이상학적 비약을 허용하지 않는 철저한 논리로 무장하자는 것이었으며, 특히 과학적 탐구 방법에서 철학의 가능성과 한계성을 새롭게 배워 보자는 것이었다.

이러한 철학적 반성을 너무 심각하게 받아들이게 되면 소위 '과학주의'에 빠지는 오류를 범하게 된다. 실증주의적 제한이 그런 과학주의에 빠지게 하는 경향을 보였으며, 분석 철학도 분석 만능이라는 착각을 하게 하는 한계성을 드러내게 되었다. 분석적 철저함만으로는 철학이 될 수 없는 것이다. 엄밀한 논리라는 의미로 연역논리에만 치중하게 되면 창조적인 철학이 될 수 없는 것이다. 철학이 과학처럼 될 수도 없거니와, 철학의 문제를 과학에게 맡겨 버릴 수도 없는 것이다. Physics를 넘어선 metaphysics가 필요했듯이 science를 넘어선 metascience가 필요하다는 것이다.

과학적 방법의 논리를 모형화하고자 한 과학 철학의 한계가 이러한 metascience로의 확장을 불가피하게 한다. 과학적 탐구의 방법에서 가장 기본이 되는 논리는 가설 검증에 관련된 논리이다. 가설을 세우기까지의 논리는 다양하다. 창조적 사유가 필요로 하는 온갖 논리가 적용되어야 하는 것이다. 하지만 가설이 설정되면, 그것을 과학적으로 검증하는 방법의 논리는 비교적 단순하다. 즉, 설정된 가설을 진리라고 할 때, 그것이 함축하는 검증 조건들을 찾아내어 과학적 실험을 하게 된다는 것이다. 그러한 검증적 실험이 부정적인 결과를 가져오게 되면 그것은 그 가설을 반증하는 충분한 조건이 된다. 가설을 폐기하게 한다는 것이다. 그 반면 검증적 실험이 긍정적 결과를 가져오면 그것은 가설을 입증해 주는 사례가 되지만 그것은 연역 논리적 입증이 될 수는 없는 것이다. 그런 입증 사례가 쌓여 갈수록 그 가설에 대한 믿음이 강해질 수는 있지만 결코 연역 논리적 입증이 될 수는 없다는 것이다. 언제든지 부정적 반증 사례가 발견될 가능성을 남겨 두고 있다는 뜻으로 말할 수도 있는 검증 논리의 특성이다.

연역 논리적 입증을 허용하지 않는 검증의 논리는 과학적 가설을 영원히 가설로만 남아 있게 하는 것이다. 그런데도 우리는 그런 가설을 법칙적으로 받아들이는 선택을 한다. 자연의 법칙적 질서를 믿는다는 뜻이다. 연역 논리적 근거로는 받아들일 수 없는 믿음이다. 그런데도 우리는 그런 믿음으로 받아들인 자연 법칙을 근거로 하여 과학적 설명을 하고 과학적 예측을 한다. 과학적 법칙을 전제로 하는 연역 논리적 설명과 예측을 한다는 것이다.

우리가 과학적 설명과 예측을 믿는 것은 그것에 적용되는 연역 논리의 힘 때문이다. 그러나 과학적 설명과 예측에 연역 논리를 적용할 수 있는 것은 자연의 법칙적 질서를 우리가 믿기 때문이다. 그리고 과학은 이러한 법칙적 질서를 탐구해 가고 있다. 과학이 탐구하는 대상 세계는 법칙적 질서의 세계라는 뜻이다. 그렇다면 법칙적 질서가 지배하는 세계가 아닌 다른 세계에 대해서는 과학이 무엇을 말할 수 있는가?

자연에는 법칙적 질서의 세계가 있다. 그런 질서의 세계가 바탕이 되어 비법칙적 세계가 가능하다고 할 수 있다. 물리적 세계의 법칙적 질서가 그런 바탕을 이루고 있다. 하지만 그런 물리적 세계 안에 이미 생명의 세계를 가능하게 하는 비법칙적 질서가 내재하고 있다. 생명의 세계보다 더 비법칙적인 질서를 드러내는 의식의 세계도 그런 물리적 세계 안의 법칙적 질서와 비법칙적 질서에 의존하고 있다. 따라서 과학적 탐구가 법칙적 질서의 세계만을 대상으로 한다면, 과학의 한계는 너무 많은 세계를 제외하게 된다. 과학적 설명이나 예측으로는 미칠 수 없는 세계가 과학의 영역을 넘어선 metascience의 세계로 남아 있게 된다. 종교의 세계, 문학의 세계, 예술의 세계, 철학의 세계가 그런 세계이다. 하지만, 철학의 metaphysics가 구름잡는 소리를 하게 한 것처럼 종교 · 문학 · 예술에서도 구름잡는 소리를 해왔다. 이제 과학의 세계를 넘어선 이들의 세계를 metascience의 세계로 특징화함으로써 그러한 구름잡는 소리를 제한할 수 있을 것이다.

Metascience의 영역은 과학이 참여하여 과학적 세계 너머의 세계를 그려 보자는 학제적 영역이다. 종교 · 문학 · 예술 · 철학이 과학과 만나서 우리의 세계관을 완성해 가자는 학제적 학문의 영역이다. 바로 이런 점에서 metascience는 metaphysics와 다른 것이다. Metascience로서의 철학은 철학 고유의 분야가 아니다. 철학이 과학과 만나고, 종교 · 문화 · 예술과 만나서 현대 과학에 맞는 포괄적 세계관을 그려 보자는 것이다.

Metascience는 철학의 새로운 지평을 열어 준다. 이것은 철학이 과학과 만나는 것으로 시작되는 지평이다. 나에게는 과학도들에게 철학 강의를 하는 현장이 이러한 철학에 접할 수 있는 계기가 되었다. 과학도들을 위한 철학 강의는 그 내용이나 주제의 측면에서 볼 때 metascience에 관심을 갖도록 하는 강의가 되어야 한다는 것이다. Metascience에서 철학을 만나고, 종교를 만나고, 문학과 예술을 만날 수 있도록 도와주는 것이 철학 강의라는 뜻이다. 그런 철학 강의를 하면서 나 자신의 철학적 사색은 metascience가 열어 주는 철학적 지평을 답습해 보는 작업으로 집중될 수 있었다.

Metascience에서의 철학, 또는 metascience로서의 철학은 종래의 metaphysics처럼 존재론적 문제에만 국한될 수 없다. 방법론으로서의 논리 문제를 제기하여 과학의 논리, 종교의 논리, 문학과 예술의 논리를 새롭게 조명해 봐야 한다. 인식론의 문제도 그런 모든 영역에서 새롭게 제기되고 검토될 수 있다. 그러면서 전체적이고 포괄적인 세계관에 관련된 각 영역별 지향 가치를 논해야 한다. 그런 가치 지향의 존재론적 근거도 논해야 한다.

이제는 포항에서의 나의 '귀양살이'를 축복으로 여길 수 있을 정도로 metascience라는 새로운 지형을 답습하는 사색의 정진이 나를 사로잡고 있다.

대학 문화의 가능성

지금은 과학 기술이 지배하는 시대라고 한다. 과학 기술의 힘이 오늘의 문명사를 지배한다는 뜻이다. 경제력은 말할 것도 없고, 군사력도 과학 기술의 힘이 좌우한다. 과학 기술의 위력은 앞으로도 모든 것에 영향을 주고 모든 것을 지배하게 할 것이다. 하지만 최근 우리는 과학 기술의 힘을 인정하면서도 '과학 문화'에 대한 이야기를 더 자주하게 된다. '과학 문화'를 이야기하는 뜻은 과학 기술과는 다른 어떤 측면의 중요성을 말하고자 하는 데 있다. 그러나 '과학 문화'를 단순하게 '과학 기술 문화'로 생각해 버리는 경우도 있다. '과학 기술 문명'이라고 해야 할 것을 '과학 기술 문화'로 말해 버린다는 것이다. '문명'과 '문화'가 서로 같은 것을 의미하는 부분을 생각하면 크게 문제될 수 없는 말이다. 그렇지만 '과학 기술' 대신 '과학 문화'를 이야기하고자 할 때는 '문명'과 '문화'의 차이를 중요시한다는 의미가 함축되어 있다.

기술과 예술을 구별해야 하듯이 과학 기술과 과학 문화도 구별해야 한다. 기술이나 기교가 예술로 승화되어야 하듯이 과학 기술도 과학 문화로 승화되어야 한다. 과학 기술은 과학이 공학적 기술에 응용되는 측면을 말한다. 그러나 과학 문화는 과학이 문화 창조의 세계에서 종교와 만나고, 문학 · 예술과 만나고, 철학을 만나서 이루어 내는 문화를 말한다. '과학 문화'는 과학이 지배하는 문화를 말하는 것이 아니다. 과학이 참여하는 문화를 말하는 것이다. 지금까지는 종교 · 철학 · 문학 · 예술에 간접적인 영향을 주기만 한 과학이 이제는 문화 창조의 동반자로 참여하게 되었음을 말한다. 과학이 metascience의 대화에 참여하여 문화 창조의 일역을 담당하게 된다는 뜻이다. 따라서 과학 기술과 과학 문화는 과학이 응용될 수 있는 두 가지 측면을 말하게 되는 것이다.

과학이 과학 기술에 응용되는 측면만 생각한다면 지금처럼 과학보다는 공학에 치중하는 교육을 지향할 수 있다. 과학은 '기초 과학' 이란 말이 뜻하듯 공학을 위한 '시녀' 노릇을 하게 된다는 것이다. 반면, 과학이 과학 문화를 가능하게 하는 문화 창조의 힘으로 가능하는 측면을 생각한다면 포항공대의 교육은 문화적 체험을 위한 교육으로 확장 · 개선되지 않을 수 없다.

과학 문화의 시대에 우리의 역사와 문화를 주도해 나갈 미래 세대를 교육해야 한다는 사실을 새롭게 인식하는 것이 필요하다. 소수 정예를 위한 교육을 하겠다는 뜻을 과학 기술계의 지도자 교육으로 제한해서는 안 된다. 과학 문화계의 지도자 교육이라는 목표를 새롭게 확인해야 할 것이며, 그런 교육에서 중요한 것은 문화적 체험이라는 사실도 고려해야 할 것이다.

문화 창조에 필요한 창조 능력의 개발을 위해서는 우리 문화계에서 최고의 마음과 만나는 체험을 할 수 있어야 한다. 문학에서 최고의 마음, 예술 분야들에서 최고의 마음, 종교적 수도에서 최고의 마음, 철학에서 최고의 마음과 만나는 체험이 필요하다. 강의실에서도 만나고 강의실 밖에서도 만날 수 있어야 한다. 말하자면, 대학의 문화 공간이 그대로 metascience의 공간이 될 수 있어야 한다는 것이다. 오늘의 우리 학생들이 그러한 문화 공간에서의 체험으로 성장할 때 내일의 과학 문화가 요청하는 과학자 - 문학가, 과학자 - 예술가, 과학자 - 수도자, 과학자 - 철학자로서의 창조적 능력을 개발할 수 있을 것이다.

과학 기술의 시대가 과학 문화의 시대로 계승되고 발전될 수밖에 없는 것이 역사의 방향이므로 포항공대의 대학 문화도 문화 체험을 위한 공간으로 발전해 가지 않을 수 없을 것이다. 이것이 포항공대를 위한 나의 이상이고 꿈이다. 그러나 모든 것에는 때가 있다고 했듯이, 아무리 좋은 이상도 때가 되지 않으면 접어 두어야 한다. 이상을 잊고 있어야 할 때도 있고, 이상을 다시 찾아야 할 때도 있다는 뜻이다. 이상을 포기한다는 뜻이 아니다. 지금도 철학 강의에서 나는 이상을 이야기한다. 철학에서 최고의 지성, 최고의 마음과 만날 수 있도록 애정과 열정으로 강의한다. 그렇게 하면서 우리의 인연이 역사의 고리가 될 수 있으리라는 꿈을 가져 본다.

모든 인연에는 악연이 있고, 모든 역사에는 악역이 있다. 포항공대와의 인연은 악연이라고 생각한 때도 있었고, 포항공대에서 만난 악역의 사람들이 원망스러울 때도 있었다. 하지만 지금은 그 모든 것의 역사적 의미를 이해할 수 있게 되었으며, 역사적 고리로서의 인연을 믿고 희망할 수 있게 되었다.

스승과 제자의 관계

스승과 제자의 관계는 학문의 세계에만 국한된 것이 아니다. 다양한 분야에서 다양하게 스승과 제자의 관계는 이어져 간다. 종교적 수도자의 길에서도 스승과 제자의 관계는 중요하고, 창작 예술가의 길에서도 스승과 제자의 관계는 중요하다. 문화의 세계가 아니라도 전문 기술자가 되거나 최고 경영자가 되거나 훌륭한 언론인이 되거나 정치가가 되는 데 훌륭한 스승의 도움이 중요했다고 하는 사람들이 있다. 넓게는 '인생의 스승'이라는 말도 할 수 있다.

나 자신 학문의 세계에서만 40여 년을 살아왔으며, 이제 그 마지막 단계에 이르렀으므로 학문 세계에서의 스승과 제자의 관계를 생각해 보기로 한다. '나의 스승'을 생각해 보고 '나의 제자'를 생각해 보고자 한다.

학문에서의 스승과 제자의 관계는 먼저 스승이 제자를 받아들임으로써 맺어진다. 스승의 강의에 수강생이 되는 것으로 시작해서, 스승의 전공과 같은 전공의 학생이 되는 것으로 이어질 수 있다. 나아가 스승의 논문 지도 학생이 되면 그 관계는 더욱 깊어질 수 있다.

하지만, 논문 지도를 받은 제자라고 해서 모두 스승과 제자의 관계를 그대로 지켜 가게 되는 것은 아니다. 형식상으로는 지도 교수와 제자의 관계로 남아 있겠지만, 시간이 흐르면서 제자의 관심이 바뀔 수도 있고, 다른 교수와의 관계에서 새로운 스승을 찾을 수도 있는 것이다.

그런가 하면, 전공 분야의 스승이었으므로 한두 과목을 수강한 관계일 뿐이지만 학문적으로 성장해 가면서 그런 스승들 중에서 자신의 참스승으로 생각되게 하는 분이 나올 수도 있다. 스승의 입장에서는 자신의 강의를 들은 많은 학생들 중 한 사람으로 기억하는 정도이겠지만 제자의 입장에서는 자신의 학문적 성장 과정을 돌이켜볼 때 비록 한두 과목의 인연이었지만 참스승으로서의 깊은 영향을 남긴 스승과 제자의 관계로 인식될 수 있다는 것이다.

말하자면, 제자의 입장에서 스승을 받아들이는 자각 때문에 스승과 제자의 관계가 새롭게 확인된다는 것이다. 스승은 제자의 그런 의식을 전혀 모르고 있을 수도 있다. 그냥 수강생의 한 사람으로만 기억하고 있을 수 있다. 스승이 세상을 떠난 후에 제자에게 그런 자각이 일어날 수도 있다. 중요한 것은 그 스승의 학문이 그 제자를 통하여 이어져 가게 되었다는 사실이다. 학문의 역사에서 또하나의 연결고리가 스승과 제자의 관계로 이어지게 되었다는 사실이다.

지금까지 학문의 세계에서만 정진해 온 나 자신의 학문적 연결고리를 생각해 볼 때, 기초 교육의 중요함을 의식하지 않을 수 없다. 중도에서 포기하지 않고 계속해서 생산적인 학문에 몰두할 수 있다는 것은 기초 교육의 힘이라고 생각한다. 미국에서의 대학 학부 교육과 대학원 교육이 가능하게 해준 기초 교육이었다. 게다가 여러 분야의 학문을 접할 수 있었던 것도 학문적 기초를 강하게 하는 힘이 되었다는 생각이다. 철학을 전공하면서 수학과 경제학을 부전공으로 했는데, 건축학은 대학 3학년 때 철학으로 전공을 바꾸기 전까지 전공했으므로 사실상 부전공이 된 셈이다. 물리학도 전공으로 할 생각까지 했었으니까 부전공 정도는 되었던 것 같다. 철학 전공으로 대학을 졸업한 후 신학 과정을 시작했다가 절반을 마친 후에 철학과 대학원으로 갔기 때문에 신학도 부전공 정도는 된다고 자신할 수 있다.

대학도 다섯 개 학교를 돌아다니면서 다양한 분야에서 학문적 기초를 닦을 수 있었던 나의 유학 생활에서 스승이 되었던 모든 분들에게 감사하지 않을 수 없다. 성실하게 지성으로 강의해 주고 지도해 주지 않은 스승은 한 분도 없었다. 미국 대학의 학문적 풍토를 말해 주는 것이다. 그처럼 많은 스승들 중에서 특별히 기억나는 스승으로는 네 분이 있다. 그들은 내게 높은 산으로 느껴진 스승들이었다. 도전을 해보게 하는 높은 산과 같은 분들이었다. 과연 그런 스승과 같은 높은 학문의 산으로 성장할 수 있을까 늘 생각하게 하는 분들이다.

워렌 윌슨대학 (Waren Wilson College)의 스툭(Roger Stuck) 교수는 물리학을 강의했다. 나는 그의 연구실에서 조교로 한 해를 일하면서 개인적인 지도를 받았다. 그의 학문을 배웠다기보다는 그의 마음을 배웠다고 해야 할 것 같다. 물리학자로서의 생각하는 방법을 배웠다고 할 수 있다. 그는 중국 선교사의 아들이었으므로 '목사의 아들' 이라는 특징을 느낄 수 있게 했다.

프린스턴신학교(Princeton Theological Seminary)의 힉(John Hick) 교수는 종교 철학을 강의했다. 옥스포드에서 철학 학위를 마치고 신학을 해서 목사가 된 사람이었다. 그에게는 목사라는 인상이 사실상 없었다. 철학자로서의 인상이 너무 강했기 때문이었다. 철학자의 명석함과 진지함을 배울 수 있었다. 종교 철학에서 그의 업적은 가장 높은 봉우리의 산이 되어 있다.

미시간대학교(The University of Michigan)의 버크스(Arthur Burks) 교수는 논리학을 강의했다. 인공 지능의 개발 역사에 공헌한 논리학자로서도 이름이 나 있는 분이다. 논리학에서 끊임없이 새로운 문제를 생각할 수 있게 강의를 해준 분이다. 딱딱하고 어려운 논리학의 내용과는 다르게 그의 인상은 목사였다. 부드러운 인상이었다. 따스한 인상이었다. 목사 같은 그의 인상으로 봐서는 논리적인 그의 마음을 짐작할 수가 없었다. 날카로운 논리의 힘이 부드러운 그의 인상과 함께 드러날 때는 놀라움을 느끼게 했다.

같은 미시간대학교의 프랑케나(William Frankena) 교수는 윤리학을 강의했다. 윤리학 분야 중에서도 분석 윤리학(metaethics)을 이끌어 가던 철학자였다. 나를 미시간 대학원으로 가게 한 분이었고, 귀국 후 9년이라는 교수직을 체험한 후 늦게 학위 논문을 마치고자 다시 미시간으로 돌아갔을 때 여러 가지로 배려해 주고 도와준 분이었다. 강의 시간에서 학생들의 질문에 민감하고 예리하게 함께 생각하면서 반응하던 모습을 잊을 수가 없다. 일요일 예배 시간이면 그 곳 장로 교회의 맨 앞줄 좌석에서 볼 수 있었던 그는 교회 장로의 인상을 느끼게 한 철학자였다.

감히 정복했다고 할 수 없는 높은 산으로 우뚝 서 있는 스승들이다. 나의 학문이 어떤 산으로 서 있게 될 것인지는 나의 제자들이 판단하게 될 문제이다. 지금까지 지나간 수많은 제자들 중에서 누가 스승과 제자의 관계로 나와의 학문적 고리를 이어가게 될 것인지도 알 수 없다. 그것이야말로 스승으로서 선택하고 결정할 문제가 아니기 때문이다. 그런 것은 이제 역사에 맡기고 얼마 남지 않은 이 학문의 길을, 이 스승의 길을 그대로 지켜갈 것이다.

없어져 가는 것들

스승과 제자

정년 퇴임한 교수가 오피스텔 연구실을 어렵게 마련해서 새로운 생활을 시작하는데 처음에는 찾아오는 제자들도 많고 정리할 일도 있어 즐거운 나날이 된다고 한다. 그러나 6개월이 지나면 찾아오는 제자들도 없어지고 1년이 지나면 전화로 문안하는 제자도 없어진다는 것이다. 오피스텔 연구실을 지키고 앉아 있을 이유가 없어 정리해 버리고 나면 마땅히 찾아갈 곳이 없어진다. 의욕이 없어지고 할 일도 없어져 시름시름 약해져 가다가 이런저런 병이 생겨 투병 생활로 들어가면 완전히 잊혀진 존재가 되어 버린다고 한다. 모대학의 통계에 따르면 정년 퇴임 2년 안에 사망한 사람이 네 명 중 한 사람이나 된다는 것이다.

제자들의 무관심이 서운하다고 하지만, 스승과 제자의 관계가 옛날 같지 않다. 스승은 이제 지식을 전하는 사람이 되어 버렸다. 강의실 분위기도 스승과의 대화가 아닌 일방적 지식 전달이 지배한다. 더욱이 교육공학적인 혜택 때문에 온갖 도구를 이용하는 강의가 강의실 분위기를 비인간적으로 만들어 버린다. 스승과 제자가 서로 대면하여 대화하는 분위기가 아니기 때문에 강의실 밖에서 지나갈 때도 학생들은 교수에게 인사를 하지 않는다. 자기가 누구인지를 모르는 교수라고 생각하기 때문이다. 강의실에서든 강의실 밖에서든 스승의 지식만이 아니라 지혜를 배울 수 있는 분위기가 없어졌다. 스승에 대한 존경심을 갖게 하는 스승과 제자의 관계가 불가능하게 되었다.

대학 생활의 낭만

대학 생활의 낭만이 없어졌다. 낭만적으로 생활할 수 있게 하는 여유가 없어졌다. 대학 입학을 위해 경쟁적으로 수험 공부를 하던 것이 대학에서도 그대로 이어지고 있다. 좋은 성적을 받아서 장학생도 되고 유학 준비도 해야 하기 때문이다. 대학원 진학의 꿈을 위한 준비도 필요하다. 대학 생활이란 서로가 서로의 경쟁자가 되는 관계를 기본으로 하는 자기 중심의 생활이다. 이기주의자가 되지 않을 수 없게 한다. 여학생이기 때문에 남학생에게 양보할 이유도 없다. 연인의 관계가 이루어지기 전에 우선 경쟁 관계를 의식해야 한다.

대학이 만들어 둔 틀을 벗어날 수 없다. 벗어나면 낙오자가 되기 때문이다. 개성을 자랑하고 살리는 낭만이란 상상할 수도 없다. 튀는 사람은 대열에서 제외되기 때문이다. 대학 생활의 특징이라고 하는 집단적 낭만도 없어져 간다. 이기주의의 탓도 있겠지만 그런 집단 행위를 탈선으로 보는 대학의 분위기 때문이다. 요란해야 할 대학의 주말 분위기도 너무 조용하다. 여유의 시간이 없다는 것이 가장 큰 문제가 된다. 주말에는 아르바이트로 분주해야 한다는 것이다. 주중에는 과제물에 대부분의 시간을 빼앗겨야 하므로 창조적으로 생각할 수가 없다고 한다. 창조적 낭만도 불가능하고, 개성적 낭만도 불가능하다. 집단적 낭만은 허용되지 않는 분위기다. 대학이 너무 조용하다. 젊음과 낭만이 죽어 간다.

부부 사랑

결혼 3년이면 약속한 사랑은 식어 버린다고 한다. 결혼을 위해 굳게 언약했던 사랑의 감정이 사라져 감을 느끼게 되면 이혼의 조건을 생각하기 시작한다는 것이다. 서로를 의심하기 시작하고 사랑보다는 미움이 커져 간다는 것이다. 부부 사랑으로 믿었던 감정과 약속은 환상이 되어 허공으로 흩어져 버리고, 안정감을 보장해 준다던 가정과 부부 관계는 정신적 부담이 되어 불안감만 더해 준다고 한다. 문화적 차이가 새롭게 문제시되고 가족들의 편견이 서로를 자극하기 시작하면 부부 사랑이란 말조차 공허하게 느껴지는 적대 관계로 들어간다. 부부 사랑에 대한 믿음이 그처럼 허무한 것이었던가를 다시 물어보게 된다는 것이다.

결혼을 성사시켜 주는 연인의 사랑과 결혼 후 부부의 사랑이 같은 것은 아니다. 사랑의 관계가 다르고 조건이 다르다. 연인의 사랑이 부부 사랑을 시작하게 하는 밑천은 되지만 그것만으로는 부부 사랑이 오래 갈 수 없다. 새롭게 해결해야 할 문제가 너무 많고 그때마다 필요한 사랑의 힘을 재충전해야 하기 때문이다. 부부 사랑은 은행에 예금되어 있는 자산과 같은 것이 아니라 살아가면서 축적해 가야 하는 재산이다. 상황에 따라서 부부 사랑이 바닥난 것 같은 위기를 느낄 수도 있으나 언제든 두 사람의 노력으로 사랑의 힘을 충분히 충전시킬 수 있다. 혼자서는 충전할 수 없으므로 두 사람이 함께 자기네 특유의 충전 방법을 찾아내야 한다. 더 오랜 세월을 버티어 낼수록 더욱 향기롭게 되는 부부 사랑을 너무 쉽게 포기해 버리는 세태가 안타까울 뿐이다.

인간미와 인정미

직장에서는 상관이 어른인데 요즈음 직장에서는 어른다운 인간미를 보여주는 사람이 없어져 간다. 위기 상황에 대처하는 능력에서나 갈등 문제를 해결하는 방법에서 미덕이나 덕망을 기대할 수 없게 한다. 기능적인 능력과 방법만이 통한다. 아랫사람들을 불쾌하게 하면서 새로운 문제를 만들어 내는 상관이지만 아무도 문제시할 수 없다. 상관은 자기 위의 상관에게만 잘 보이면 되기 때문이다. 아랫사람으로서는 직장 구하기가 하늘의 별따기이고, 직장 지키기가 살얼음 걷기인데 상관의 인간미를 비판할 수가 없다. 직장은 피곤한 곳이다. 인간미가 고약한 동료 직장인일수록 상관에게 아부하는 첩자 노릇을 할 수 있으므로 동료의 인간미를 비판하는 것도 조심해야 한다. 인간미가 없어져 가는 직장은 피곤한 곳이다.

피곤한 몸과 마음으로 퇴근하면 아파트에 갇혀 있는 가족을 의식해야 한다. 이웃이 없는 아파트 생활에는 인정미가 사라져 버렸다. 이웃끼리 인사하는 것을 부담스러워한다. 이웃의 정이 없는 아파트에서 태어나 자라나는 아이들에게는 고향의 정이 없다. 동네 어른들이 있어서 인사도 다니고 상의도 할 수 있었던 시골의 고향이 사라졌다. 서울 사람들이 고향을 찾아가는 곳은 부산이고 광주이다. 광주나 부산에서는 서울로 고향을 찾아온다. 돌아가신 어른들을 찾아서 추석이면 대이동을 하듯이 살아 있는 어른들을 찾아서 주말이면 대이동을 하는 고향길이 생활화되어야 한다. 주말의 고향을 지켜 주는 사람들이 있어야 하고 고향의 정을 느낄 수 있도록 하는 농촌으로 다시 살아나게 해야 한다.

종교의 벽과 예술의 벽

드디어 교파와 종파와 종교간의 벽이 허물어져 간다. 아직도 다른 종교에 대하여 지극히 배타적인 사람들이 있다. 종교간의 담을 허물어 버리면 종교가 죽어 버릴 것처럼 생각하는 사람들이다. 종교가 다른 것은 이웃 마을들이 서로 다른 것과 같은데 이웃 마을의 존재를 무시하려는 사람들이다. 교파나 종파나 종교가 다르면 이웃과의 담을 더 높이 쌓아야 한다는 사람들이다. 담이 없이 이웃과 함께 살아갈 수 있는 동네를 상상도 할 수 없는 사람들이다. 종교적 이웃의 존재를 무시하기 위해 지금도 발악을 하는 사람들이다. 이들의 발악 때문에도 아예 종교를 거부하는 젊은이들이 늘어나고 있다. 어떤 종교이든 역사의 시대성을 벗어날 수 없으며 문화적 특수성의 한계를 초월할 수 없다는 사실을 이해하는 세대가 급속히 성장하고 있다. 종교간의 차이가 종교에 대한 이해를 넓혀 주고 깊게 해준다는 세대를 위해서도 종교간의 벽이 허물어지는 것은 다행한 일이다.

예술은 종교보다 자유롭다. 장르의 벽이 무너지고, 문화의 벽이 무너진다. 예술 중에서도 음악이 이러한 변화를 앞서간다. 고전 음악과 대중 음악이 만나는 '열린 음악'이 시도되었다. 지역마다 민족마다 특이한 음악으로 전해 내려온 것이 보편적인 사랑을 받게 되어 '세상의 모든 음악'으로 소개되고 있다. 음악 언어의 보편성을 확인할 수 있게 한다. 세상의 모든 음악이 서로에게 감동을 주어 영혼의 교감을 가능하게 한다는 사실이 놀랍다. 이러한 음악의 영감을 따라 미술에서도, 연극에서도, 무용에서도, 영화에서도 장르의 벽과 문화의 벽이 허물어지고 있다. 예술에서의 벽이 무너지는 것을 예술과 기교, 예술과 기술의 무차별로 착각한 풍조도 사라져 간다. 창작하는 자만이 살아남을 수 있고, 창작의 자유를 포기하지 않는 자만이 지켜갈 수 있는 예술의 세계가 인류의 미래를 약속할 것이다.

대학로 문화

종교와 예술이 지켜갈 미래 문화를 생각하면 대학의 문화적 책임도 인식할 수 있다. 미래 문화의 역군을 길러내어야 하는 곳이 대학이다. 그러면서 대학은 문화 창조를 실험해 볼 수 있는 광장이다.

대학의 문화 광장과 문화의 거리는 대학생들만을 위한 것이 아니다. 지역 주민들이 자유롭게 참여할 수 있는 문화의 공간이다. 미술 전시관, 음악 공연장, 극장, 영화관, 박물관 등이 있어야 하며, 카페와 주막집 또는 살롱 아카데미가 있어야 한다. 그런 사이사이에 교회와 성당과 절이 함께 있어야 한다.

우리의 대학들은 여전히 대학로와 대학 캠퍼스를 높은 담으로 격리시키고 있다. 강의실이나 연구실까지 개방할 필요는 없겠으나 문화 공간과 대학로를 연결시켜서 개방하는 것은 필요하다. 교육 공간을 대학생들에게 제한하는 것은 당연하지만 도서관의 일부분을 일반인들에게 공개하는 것과 평생 교육의 프로그램을 통해 교육의 기회를 제공하는 것도 지역 사회와 대학을 연결시켜 주는 길이다. 서울의 대학로와 같은 문화의 거리가 모든 대학이 주변 지역 사회와 협조하여 만들어 가야 할 과제이다.

지역 사회에 개방된 대학의 문화 공간과 문화의 거리는 대학 생활의 낭만을 가능하게 할 것이다. 창조적 낭만과 개성적 낭만은 물론 집단적 낭만도 지역 사회가 수용해 줄 수 있을 것이다. 그곳은 부부 사랑의 재충전을 위한 공간이 될 수도 있을 것이며, 기성 세대의 메마른 인간미와 인정미를 성토하는 공간이 될 수도 있을 것이다. 그런 공간의 한 모퉁이 카페에서는 은퇴한 교수들이 모여 지나간 세월 이야기를 하고 있을 것이며 가끔은 찾아온 학생들과 문학이나 철학 이야기를 나누는 늙은 교수의 모습도 볼 수 있을 것이다. 인생은 짧고 예술은 길다고 하듯이, 사람은 가고 문화는 남는다고 하지만 그것은 문화를 지켜 줄 문화 공간이 있어야만 가능한 일이다. 대학은 그런 문화 공간을 자랑할 수 있어야 한다. 대학을 정년 퇴임한 교수들이 지역 주민으로 남아서 향유할 수 있고 참여할 수 있는 문화 공간을 대학이 지켜 가야 한다.

VII

철학적

논술 세대의 문화

글쓰기의 철학

글쓰기의 예술

우리들 이야기

논술 세대의 문화

논술 시험과 논술 교육 때문에 우리 사회가 이처럼 떠들썩한 것은 하나의 문화 현상이다. 우리 문화가 한 단계 성숙해 가기 위한 진통이다. 문화 발전을 위한 일종의 과도기 현상이다. 논술 시험의 문제를 어떻게 출제해야 하며 채점을 어떻게 해야 하는지에 대한 명확한 이해가 없다는 것도 그렇고, 그런 시험을 위한 준비 교육을 어떻게 할 것인지에 대한 방안도 제대로 마련된 것이 없다는 것도 그렇다. 논술 세대가 아닌 기성 세대가 새로운 논술 세대를 교육하지 않을 수 없는 문화적 과도기 현상 때문이라는 뜻이다.

논술 시험이 필요하고 논술 교육이 필요하다는 생각은 특정 개개인의 생각이 아니라 집단적 무의식처럼 우리 세대에게 일반적으로 작용하는 문제 의식이다. 우리의 언어 문화가 지금처럼 생각이 없는 글, 마음이 없는 글을 누구나 무책임하게 남발하도록 허용해서는 안 되겠다는 문제 의식이다. 창의적인 생각을 말하기 전에 우선 독자적으로 생각하면서 자신의 생각을 깊고 넓게 발전시켜 가는 교육을 문제시해야 한다는 것이다. 글쓰기 교육은 그런 사유 능력의 교육을 위해 필수적이면서 효율적인 방법이 될 수 있다는 것이다.

지금까지 우리는 신문, 잡지, 또는 책으로 출판되는 글에 대하여 아주 관대해 왔다. 무감각했다고 할 정도로 별 문제 의식도 없이 단지 출판되었다는 사실만으로 인정해 주고 만족해 버리는 수준에 머물러 있었다. 물론 예외적인 반응을 보인 사람들이 있었다. 하지만 논술 시험과 논술 교육에 대한 관심으로 표출된 문제 의식은 집단적인 현상이다. 세대적인 현상이다. 문화적 성숙을 더 이상 방관하고 있을 수 없다는 책임 의식이다. 그 동안 쌓여 온 우리 자신들의 글에 대한 불만이 집단 무의식으로 터져 나온 것이다.

어떤 글이 문제가 되어 왔던가? 상투적이고 저속한 글이 문제가 되었다. 내용이 빈약하면서 경박한 글도 문제가 되었다. 피상적이고 졸렬한 글도 문제가 되었다.

자신의 글에 대한 책임을 지지 않아도 된다는 것이 문제였다. 보도 자료나 기사 내용밖에 되지 않는 것을 마치 자신의 글인 것처럼 발표하는 것이 문제였다. 여기저기서 모은 것들로 짜깁기한 것을 해설의 글로 발표한다든지, 몇 가지 고정 관념의 나열로 말장난한 것을 평론으로 발표하는 것이 문제였다. 수필은 대체로 감상의 수준을 넘지 못했다. 자신의 생각이나 정서를 표현하면서 그것의 논리적 설명력이나 설득력에 관심을 두는 수필에는 미치지 못하는 것들이었다.

창의적인 글을 쓰기 전에 먼저 논리적인 글을 쓸 수 있어야 한다는 생각이 논술 교육을 주장하게 하는 기본 의식이다. 따라서 횡설수설은 허용될 수 없다. 왜곡과 과장을 허용할 수도 없다. 논리적인 것 같으면서도 진리와는 무관한 궤변이나 독선의 글도 허용되어서는 안 된다. 물론 인신 공격적인 언어 폭력이나 조작이 허용되어서도 안 된다.

이러한 언어 문화의 문제는 몇몇 개인들의 문제 의식으로 해결될 수 있는 것이 아니다. 한 세대가 그런 언어 문화를 새로운 단계로 발전시켜 갈 수 있어야만 해결 가능한 것이다. 말하자면, 논술 세대가 새로운 언어 문화의 세대로 성장해야만 한다는 것이다.

논술 세대가 아닌 기성 세대가 논술 세대를 교육해야 하는 이 문화적 과도기를 우리는 어떻게 대처해 나갈 수 있을 것인가? 한 가지 분명한 것은 논술 교육의 스승이 되고자 하는 기성 세대 사람들의 책임에 관한 일이다. 논술 교육을 책임지고자 하는 기성 세대의 사람들은 자신들도 논술 세대에 속할 수 있도록 스스로를 교육해 가야 한다는 것이다. 논술 세대답게 글을 쓰면서 글을 가르치고자 해야 한다는 것이다. 글쓰기의 기술을 가르치는 것으로는 논술 교육이 될 수 없다. 논술 교육은 기술 교육만이 아니다. 글쓰기의 기술은 기본일 뿐이다. 논술 교육이 문화 현상으로서의 의미를 갖는 것은 글쓰기를 통하여 성장의 체험을 할 수 있게 하기 때문이다. 생각으로도 성장하고, 정서적으로도 성장하면서 마음이 커지고 영감에도 민감하게 되는 것을 체험하게 하는 것이다.

글을 쓴다는 것은 스스로의 성장을 체험하게 하는 것이다. 그런 성장의 체험을 수반하는 글이 될 때 비로소 남들에게 읽어 주기를 '강요'할 수도 있다는 것이다. 그런데 글쓰기가 그런 성장의 체험을 수반한다는 사실을 확인해야 하는 논술 교육의 스승은 스스로 그런 글쓰기와 그런 성장의 체험을 해가는 사람이 되어야 한다는 것은 당연하다. 새로운 논술 세대를 위한 비논술 세대의 문화적 책임이다. 새로운 단계로 성숙할 우리의 언어 문화를 위해 기성 세대가 책임져야 할 힘든 과제이다.

글쓰기의 철학

글쓰기는 기본적으로 국어 교육의 과제이다. 글쓰기의 기초 교육은 국어 교육에서 이루어져야 한다. 맞춤법, 띄어쓰기, 어법, 문장 쓰기, 문장 연결, 문단 나누기 및 글의 구성에 이르는 글쓰기의 기초 능력은 국어 교육이 책임질 수 있다. 한마디로 말하자면 문장력 교육이라고 할 수 있는 기초 교육이다. 이러한 문장력 교육은 고등 학교까지의 국어 교육으로 완성될 수 있는 것이다.

대학에서의 글쓰기는 문장력 교육 이후의 과정이어야 한다. 하지만 고등 학교까지의 국어 교육에서 문장력 교육을 완성하지 못한 학생들이 있으므로 그들을 위한 글쓰기의 기초 교육도 필요할 때가 있다. 대학에서도 그러한 문장력 교육은 여전히 국어 교육의 과제로 돌릴 수밖에 없다.

문장력 교육을 완성하고 대학으로 온 학생들에게는 포항공대에서 시도한 '문학적 글쓰기' '철학적 글쓰기' '과학적 글쓰기'가 다음 단계의 글쓰기 교육이 될 수 있다. 글쓰기가 조금은 전문화된다는 뜻이다. 문장력에 문제가 없었던 포항공대 학생들이 그처럼 전문화된 글쓰기 과목을 좋아했다는 것은 이해할 수 있다.

이화여대 평생교육원에서 시도하고 있는 '논술 철학'도 포항공대의 '철학적 글쓰기'와 같은 것이다. 문장력 교육의 단계를 거친 사람들이 철학이 있는 글을 쓰기 위해 '논술 철학'에 도전하고 있다. '도전'이라는 표현이 의미하듯 엄청난 시련을 감당해 내어야 하는 과정이다. 철학적 사유를 해본 적이 없었기 때문에, 또는 대학 시절에 잠시 접해 본 경험밖에 없기 때문에 10여 년이나 뒤늦게 철학적으로 생각한 내용을 글로 써야 한다는 것은 새로운 도전이 되기에 충분한 것이다. 게다가 그렇게 쓴 글을 철학적으로 비판받는다는 것은 무엇보다 자존심을 상하게 한다는 것이다. 아마 그 옛날 소크라테스와의 대화에서 자존심이 상하게 되었던 아테네 사람들의 체험이 그런 것이었을 것이다. '논술 철학'의 과정을 도중에 포기하는 사람이 나올 정도로 철학적인 내용의 글을 써서 철학적으로 비판받는 일은 자존심을 상하게 할 수 있다는 것이다.

철학적 사유가 왜 글쓰기에서 문제가 되는가? 문장력에 문제가 없다는데 왜 철학적 사유가 문제로 남는가? 한마디로 말하자면, 이것은 사고력의 문제이다. 글쓰기에는 문장력과 사고력이 함께 필요하기 때문이다. 하지만 문장력에는 이미 사고력이 전제되어 있지 않는가? 문장을 정확하게 쓰고, 문장의 연결을 부드럽게 하고, 문단을 적절하게 나누고, 전체적 구성을 정합적으로 체계화하기 위해서는 사고력이 따라주어야 한다. 그러므로 문장력 교육 자체가 이미 그런 정도, 그런 수준의 사고력을 수반하게 된다는 뜻이다.

그러나 문장력은 표현 능력이면서 글쓰기의 기술에 해당하는 것이므로 글의 내용, 즉 생각을 충실하고 충분하게 하도록 하는 데까지는 미치지 못할 수 있다. 그림에 비유하자면, 기교상에는 문제가 없지만 내용이 빈약할 수 있는 것과 같다. 특히 새로운 표현 방법의 기술을 시도해 보는 그림에서는 내용이 없는 기교적 그림이 되어 버릴 수 있는 것이다. 뿐만 아니라, 그림의 새로운 기교에 도취되어 내용의 문제를 아예 간과해 버리는 과오를 범할 수도 있다. 마찬가지로 글쓰기에서도 자신의 문장력에 도취되어 아름답고 부드러운 문장에만 관심을 두고 글의 내용, 즉 표현되는 생각에는 무관심할 수 있다는 것이다.

글쓰기에서의 사고력은 문장력에 도움을 주는 단계를 넘어서 글의 내용을 깊게 하는 데까지 이르게 하는 조건이다. 글로써 표현해 볼 가치가 있는 깊은 생각을 내용으로 하게 하는 사고력이어야 한다는 것이다. 철학은 이런 사고력을 위한 도움을 줄 수 있다. 철학은 깊은 내용의 생각을 자신의 생각으로, 자신의 주장으로 표현할 수 있게 해준다. 철학의 힘은 곧 독자적인 철학적 사유의 힘이기 때문이다.

철학적 사유는 어떤 문제에 대해서든 더 깊게, 더 넓게, 더 예리하게, 더 철저하게 생각해 보도록 한다. 그러면서 철학적 사유는 철학적 문제 의식을 통해 꾸준히 생각을 계속하게 한다. 자신의 사유 세계가 더 깊어지고 더 넓어지는 것을 느낄 수 있게 해주는 것이다. 그런데 철학이 이러한 사유의 깊이와 폭을 더해 갈 수 있게 하는 것은 철학적 사유의 도구라고 하는 논리의 힘 때문이다. 소크라테스와의 대화에서 소크라테스가 보여준 논리의 힘이 그런 것이었다. 소크라테스와의 대화에서 비로소 사람들은 자신의 사유가 얼마나 빈약한 논리로 제한되어 있었던가를 깨닫게 되었으며, 소크라테스는 그 당시 어느 누구보다도 강한 논리적 사유의 능력으로 대화를 이끌어가면서 사람들의 무지를 깨우쳐 주었다는 것이다. 그것은 지식이 모자란다는 뜻의 '무지'가 아니라 생각이 모자란다는 뜻의 '무지'를 말하는 것이었으며, 생각이 모자라는 것은 생각의 논리가 약하고 제한되어 있기 때문이라는 것을 일깨워 주는 것이었다.

철학적 글쓰기는 소크라테스와의 대화를 글쓰기 교육의 방법으로 계승하자는 것이다. 철학적 대화를 함으로써 생각이 깊어질 수 있듯이, 철학적 글쓰기를 해봄으로써 생각이 깊어질 수 있게 하자는 것이다. 소크라테스 같은 철학자의 도움으로 글쓰기에서의 사고력을 강화할 수 있게 하자는 것이다. 하지만 소크라테스와 같은 철학자를 만나는 일이 쉽지는 않다. 글쓰기의 철학을 위해 소크라테스의 역할을 해줄 사람을 지금 우리 주변에서는 쉽게 찾을 수 없다는 것이다.

이것은 우리 나라 철학계의 문제이기도 하며, 우리 철학계가 그런 역할의 철학자 교육을 위해 사실상 무관심했던 탓이기도 하다. 오늘날 우리 나라 대학이나 고등 학교의 철학 강의는 대체로 철학적 지식을 전하는 방식으로 제한되어 있다. 철학적 교양을 위한 강의가 될 수는 있겠으나 철학적 사유를 위한 강의는 될 수 없는 것이다. 소크라테스식 대화를 통한 강의에서는 수강자들의 사유 능력에 변화가 일어나야 한다. 그러한 사유 능력의 변화는 강의 내용의 변화를 자극하게 된다. 새로운 지식이 더해지는 변화가 될 수도 있지만 더욱 중요한 것은 새로운 문제 의식을 갖게 되는 것이고, 거기에 맞추어서 강의 내용이 더 깊어지고 더 넓어지게 될 수 있다는 것이다. 강의 내용이 역사적 발전을 거듭해 갈 수 있다는 것이다.

소크라테스식 대화의 강의가 사유 능력과 강의 내용의 발전적 변화를 가능하게 하는 것은 논리의 힘이다. 연역 논리적 추리와 계산의 힘이 작용하는 것은 말할 것도 없지만, 그것만으로는 역사적 발전의 논리가 될 수 없다. 역사적 발전의 논리는 변증 논리로 이해되어 왔다. 하지만, 변증 논리만으로 제한할 수도 없다. 비슷한 구조로 기능하는 새로운 세계를 만들어 가는 것은 유비 논리이다. 분산되어 일어나는 경험의 축적을 통하여 변화를 가능하게 하는 것은 귀납 논리이다. 전체를 새롭게, 포괄적으로 조명해 보는 시도를 통하여 변화를 계획하게 하는 것은 귀추 논리이다. 방법과 기술과 도구라는 방편의 선택이 새로운 가능성을 열어 주게 하는 것은 실천 논리이다. 적어도 이런 종류의 연역과 비연역 논리를 적용할 때 소크라테스식 강의는 사유 능력이나 강의 내용을 발전적으로 변화하게 하는 생산적 강의가 될 수 있다는 것이다.

글쓰기의 철학은 우선 우리의 철학자들이 소크라테스의 역할을 함으로써 소크라테스로 성장할 수 있게 하는 현장의 철학이 될 수 있다. 꼭 철학을 전공한 사람만이 그런 철학자가 될 수 있다는 것은 아니다. 글쓰기를 가르치면서 글쓰기의 철학에 관심을 두고 소크라테스식으로 도움을 줄 수 있는 사람이면 누구나 소크라테스와 같은 철학자로 성장할 수 있다. 어쩌면 소크라테스도 처음부터 그런 사유 능력으로 대화를 이끌어가는 철학자는 아니었을지도 모른다. 대화를 해가면서, '소크라테스의 역할'을 해가면서 그런 사유 능력이 계발되었을 수 있으며, 그런 발전의 과정이 결과적으로 서양 철학사의 소크라테스가 되게 했을 수도 있다.

소크라테스가 특이한 방법으로 대화를 주도해 나갈 수 있었던 것은 논리적 사유 능력의 탁월함만이 아니라, 스스로 깊은 생각의 세계에 잠겨 보는 철학적 사색의 힘 때문이기도 했다. 스스로 철학적 사유를 지속해 가는 사람이 아니면 철학적 사유의 안내자나 비판자가 될 수 없다. 스스로 창작을 계속하는 예술가가 아니면 도제식 방법으로 제자를 키울 수 있는 스승이 될 수 없는 것과 같다. 글쓰기의 철학은 도제식 교육이어야 한다. 글쓰기의 철학에서 소크라테스의 역할을 하는 사람은 스스로 글을 써가면서 철학적으로 성장해 가야 한다는 것이다. 글을 써 봄으로써 생각이 깊어지고, 생각이 깊어질수록 더 좋은 글을 쓸 수 있다는 것을 자신의 글쓰기를 통하여 제자들에게 보여줄 수 있어야 하는 것이다.

특이한 대화의 방법과 능력으로 소크라테스는 서양 철학의 시조가 될 수 있었으며, 인류 역사에서 철학적 사유의 새로운 전통을 세울 수 있었다. 글쓰기의 철학은 오늘날 우리 나라의 철학이 새롭게 소생할 수 있는 계기를 마련해 줄 수 있을 것이다. 문장력과 사고력을 위한 글쓰기 교육에서 사고력에 결정적 도움을 주는 철학의 역할을 하면서 철학적 사유의 보편화를 꾀할 수 있을 것이며, 그러한 철학적 사유의 보편화는 우리 철학계의 소크라테스들이 성장할 수 있는 터전을 마련해 줄 수 있을 것이다.

글쓰기의 예술

1. 종교적 교리나 교단의 조직이 우리를 구속하는 것과는 다르게 종교적 진리는 우리를 자유롭게 한다. 온갖 억압과 구속으로부터 해방될 수 있게 한다.

번뇌와 좌절과 절망으로부터 해방될 수 있게 하고, 집착과 충동과 망상으로부터 해방될 수 있게 한다. 분노와 증오와 복수로부터 해방될 수 있게 하고, 독선과 위선과 오만으로부터 해방될 수 있게 한다.

예술도 우리를 자유롭게 하고 해방하게 한다. 글쓰기도 예술의 경지에 이르게 될 때 우리를 해방시킬 수 있다. 글쓰는 사람이 체험하는 해방감을 읽는 사람들에게도 전해 줄 수 있다.

2. 글로써 해방되어야 할 사람은 글을 쓰지 않을 수 없는 사람이다. 마음속 깊숙히 묻어 둔 상처를 글로써 드러내어 객관화함으로써 치유를 가능하게 할 사람이다. 아픔을 나눔으로써 치유의 길을 열어야 할 사람이다.

못난 아버지 때문에, 못난 새아버지 때문에, 못난 시어머니 때문에, 못난 새어머니 때문에 희생을 당하고, 억압을 당하고, 모독을 당하고, 폭행을 당한 사람들이 글을 써야 한다.

갈등과 좌절에서 벗어날 수 없는 사람들, 분노와 증오를 삼켜 버릴 수 없는 사람들은 글을 써야 한다. 비굴하고 추악하고 흉측한 인간의 모습에, 가식적이고 위선적이고 허례적인 인간의 가증스러움에 실망한 사람들은 글을 써야 한다. 악역의 탈을 쓴 사람들 속에 숨어 있을 선의를 찾아내고자 하는 글을 써야 한다. 그래도 사람이 사람을 치유할 수 있으리라는 믿음을 글로써 표현해야 한다.

3. 모든 글쓰기는 기술로 시작되지만 예술로 승화되어야 한다. 기술의 완성없이는 예술이 될 수 없다. 예술에서의 학습이 기교적 완벽을 추구하는 과정이듯이 글쓰기의 학습도 기술의 완벽을 지향하는 훈련으로 시작된다.

기술의 완성은 그 자체가 목적이 아니다. 예술로의 승화를 가능하게 하는 조건이 기술이다. 따라서 기술에 매료되거나 기술에 도취되면 예술로의 승화가 불가능하다. 예술의 목적을 죽일 수 있다.

글쓰기의 기술은 글을 읽는 사람들이 글의 표현력에 신경을 쓰지 않고 글의 내용에 집중할 수 있도록 하는 것이다. 글은 정확하고 명료해야 한다. 부드럽고 친절해야 한다. 간결하고 아름다워야 한다. 거부감을 주지 않는 표현적 예술성으로 글에 대한 관심을 끌 수 있어야 한다. 글의 내용으로 자연스럽게 생각이 집중되게 할 수 있어야 한다.

4. 예술가의 영혼이 작품을 통해 감동을 주듯이 글의 내용도 승화된 영혼의 표현이어야 한다. 말하자면, 모든 글은 작품으로서의 내용을 전할 수 있어야 하는 것이므로 문학적 작품, 즉 문학 예술의 작품이 되어야 한다는 것이다.

예술로서의 문학 작품은 체험적 내용의 기록으로 그치는 것이 아니다. 실제적인 역사의 기록은 작품의 자료가 될 수 있을 뿐이다. 문학은 실제적 역사의 이야기를 가능한 역사의 이야기로 확대하여 '역사 소설'을 쓰는 예술이다. 역사적으로 발전 가능한 이야기를 하면서 역사를 주도해 가는 인간이 모든 역경을 이겨낼 수 있음을 보여주자는 것이다. 현실 속에서는 패배한 이야기도 '역사 소설'에서는 승리하는 이야기가 될 수 있다는 것이다. 십자가에 못박힌 예수는 현실적으로 패배한 사람이었지만, 그 사건으로 비롯된 기독교의 역사는 영혼의 감동을 수반하는 구원의 역사가 되었다.

증오가 사랑으로 변할 수 있고, 분노가 용서로 변할 수 있다. 갈등이 화해로 발전할 수 있고, 절망이 희망으로 발전할 수 있다. 패배감은 자신감으로 살아날 수 있고, 좌절감은 창조력으로 살아날 수 있다. 오만과 편견이 겸손과 이해를 위한 계기가 될 수 있고, 추악하고 흉측한 것에도 아름다움의 씨앗이 숨어 있을 수 있다. 글쓰기의 예술이 우리를 온갖 억압으로부터 해방하게 할 수 있는 가능성을 말한다.

우리들 이야기

글쓰기를 공부하는 사람들에게 제일 어려운 것이 동화쓰기이다. 대학생들에게도 그렇고, 대학을 졸업한 지 10여 년 되는 성인 학생들에게도 그렇다. 동화를 쓰기 위해서는 동화 같은 체험이 있어야 한다. 지금 우리 나라의 교육 환경은 그런 체험을 불가능하게 한다. 어릴 적부터 학원 다니는 일이 생활을 지배하기 때문이다. 동화를 읽으면서 간접 체험을 할 수도 있는데, 동화 같지 않은 동화책이 너무 많아서 그런 간접 체험이 불가능해지고 있다. 동화책은 문화적 특수성을 초월하는 아이들 세상을 그려줄 수 있으므로 제대로 된 고전적 동화책을 읽히는 것이 옳다는 생각도 든다. 선택만 잘하면 동화 같은 세상의 간접 체험이 가능하다는 뜻이다. 하지만 스스로 동화를 쓰기 위해서는 간접 체험만으로는 충분하지 않은 것 같다. 직접 동화 같은 체험을 할 수 있어야 한다는 것이다. 그러니까 동화를 쓰기 위해서는 작가 자신이 살아온 '우리들 이야기'가 중심이 되어서 인물들도 만들고 사건들도 만들어야 한다는 것이다.

어머니들이 자기 딸이나 아들의 세계를 동화로 써보고자 하지만, 딸의 세계나 아들의 세계를 직접 체험할 수 없기 때문에 동화가 되지 않는다. 재미있는 수필이나 아들 딸 기르는 기록이 되어 버리는 것이다. 자신들의 어릴 적 체험을 동화로 쓸 수 있어야 하는데 그런 체험을 허용하지 않는 온갖 제한 조건 때문에 동화 쓰기가 어려울 수밖에 없다는 뜻이다.

어릴 때의 '우리들 이야기'가 동화로 확대될 수 있을 만큼 풍부한 체험을 가능하게 하는 교육 환경과 생활 환경이 필요하고 중요하다. 아이들끼리 모험도 하고 실험도 할 수 있도록 해야 한다. 아이들 마음대로 일을 만들어 볼 수 있게 하는 자유를 주어야 한다. 부모들의 간섭이 미치지 않게 아이들만의 시공간을 허용해 주어야 한다. 나중에 성장해서 누구나 '우리들 이야기'를 동화로 쓸 수 있을 만큼 풍부한 체험의 어린 시절을 보낼 수 있게 해주어야 한다. 그런 체험의 자유가 없이는 창조적으로 성장할 수가 없기 때문이다.

'우리들 이야기'는 어린 시절의 체험으로 끝나는 것이 아니다. 소설을 쓴다는 것도 결국은 '우리들 이야기'를 쓰는 것이다. 함께 성장한 친구들의 이야기, 함께 대학 생활을 보낸 친구들의 이야기, 함께 사회 참여를 하면서 현실을 체험한 사람들의 이야기, 이런 '우리들 이야기'가 소설이 되는 것이다.

고등 학교를 졸업하자 곧 미국으로 유학을 가서 대학 학부와 대학원까지 8년을 미국 대학에서 살다가 온 나에게는 그 시절 '우리들 이야기'가 없다. 몇몇 외국 친구들이 있었지만 깊이 사귈 수 있는 관계가 될 수 없었다. 내 생애에서 그토록 중요한 시기에 '우리들 이야기'가 없다는 사실은 나의 체험적 세계를 결정적으로 제한하는 요소가 되어 버렸다. 아름다운 우리글을 쓸 수 없게 된 것도 그 시기에 우리말과 글로 성장하지 못했기 때문이라고 생각된다. 언론계나 정치계로 나갈 수 있는 기회가 왔을 때도 그 시기의 친구들과 동창들이 없다는 사실이 가장 큰 결점으로 느껴졌기 때문에 포기하게 되었다. 결국 그 시기의 '우리들 이야기'를 쓸 수 없다는 사실이 이 모든 한계성을 말해 준다.

고등 학교까지는 시를 썼지만, 이제는 아름다운 표현의 우리글을 쓸 수 없는 한계성 때문에 시를 쓸 수 없다. 시를 쓰고 싶어서 써 놓은 글은 시의 아름다움이 없는 '철학적 운문'이 되어 버린다. 시를 쓸 수 없으면 소설이라도 쓸 수 있어야 할 텐데 '우리들 이야기'가 되어야 할 인간 관계의 체험을 놓치고 만 것이다. 시를 쓸 수 없으므로 소설을 쓰고, 소설을 쓸 수 없으니 철학을 한다는 말이 내게는 그대로 맞는 말이다.

철학자의 길은 내게 운명처럼 다가온 것이었다. 건축가가 되려고 시작했다가 철학도가 되었으니 철학에 대한 관심은 있었던 것이다. 철학을 할 수 있는 기초 교육도 철저하게 잘 받은 셈이다. 그러나 더욱 중요한 것은 철학자로서의 길은 혼자서 걸어가도 된다는 사실이다. 철학적 사색은 홀로 해야 하는 철학자의 작업이다. 그런 사색 속에서 여러 철학자들을 만날 수는 있지만 사색 속에서의 관계이기 때문에 혼자만의 세계를 지켜 나갈 수 있다.

철학 교수가 되었지만 철학계에서조차 함께 철학의 동료로 성장해 온 '우리들 이야기'가 없다는 사실은 나를 고독하게 만들었다. 그러나 그것은 아픈 고독이 아니었다. 철학자의 길에서는 스스로 택할 수 있는 고독이었다. 그만큼 철학적 사색에 충실할 수 있게 하는 고독이었다. 철학자는 그런 고독을 씹으면서 성장해 간다는 것을 이해하게 해주었다.

문제는 고독이 아니라 현장의 체험이었다. 철학자의 사색은 모든 것을 개념화하여 체계화하고자 한다. 그러다가 관념의 세계에 빠져 버릴 수 있는 것이다. 관념화된다는 것은 현실을 떠나 버린다는 뜻이다. 관념 속의 세계를 현실 세계로 혼동하게 된다는 것이다. 지금은 '사이버 스페이스'의 세계가 그런 비현실화를 가능하게 한다. 어쨌든 현실감을 상실한다는 것은 일종의 병이다. 사유의 병이라고 할 수 있다.

현장의 체험을 위해서 나는 대화를 한다. 연속극을 본다. 지하철을 타고, 기차를 탄다. 역사의 현장을 지켜보기도 한다. 이화여대 제자들과 포항공대 학생들을 통해서 현장을 본다. 명동 거리를 지나다니면서도, 대학로를 거닐면서도 현장을 본다. 서울과 포항의 택시 기사들이 내뱉는 이야기에서도 현장을 본다. 그러면서도 가끔 '우리들 이야기' 생각을 한다. '우리들 이야기'로 현장을 볼 수도 있으리라 생각해 본다. 그럴 때면 언제나 '우리들 이야기'를 상실한 젊은 시절의 유학 생활이 생각난다. 내 마음속의 텅 빈 공간처럼 느껴지는 체험적 공백이 그 때의 상실을 아프게 한다. 초등 학교 시절 '우리들 이야기'도 재미있었다. 풍부했다. 중고등 학교 시절 '우리들 이야기'도 행복했다. 다양했다. 자랑할 만했다. 그런데 그 다음 유학 시절로 가면 '우리들 이야기'가 없다.

어떤 집단에도 예속될 수 없는 철학자이기에, 철학자의 길을 들어선 이후에는 '우리들 이야기'가 있을 수 없다. 현장을 체험하면서도, 집단적인 실천에 동참하면서도 철학자는 언제나 현장으로부터 초연할 수 있는 자신의 사유 세계를 지킬 수 있어야 한다. '우리들 이야기'가 될 수 있는 현장의 체험은 불가능하다는 뜻이다. 엄밀하게 말하자면 철학자는 종교적 공동체에도 예속될 수가 없다. 이념적 공동체에 참여하면서도 예속되지 않은 자유를 지켜야 하는 것이다. 생명을 바치는 실천을 하면서도 철학자의 사유는 현실 초월적으로 자유로워야 한다는 것이다.

이처럼 '우리들 이야기'가 사실상 불가능하게 된 철학자의 길을 40여 년 걸어온 지금에도 '우리들 이야기'를 놓쳐 버린 그 시기의 공허감이 아프게 느껴질 때가 있다.

VIII

철학적 散文

문학과 철학

수필의 철학

수필은 문학으로 들어가는 첫 관문이다. 어떤 주제의 어떤 내용이든 가능하며, 비교적 짧은 글일 수 있으므로 누구나 수필로 시작할 수 있다. 수필은 감상적일 수 있다. 그러나 글이 아름다워야 하기 때문에 수필에도 어려움이 있다. 수필은 철학적일 수도 있다. 철학적이어야 할 필요는 없다고 하지만 철학적인 수필이 될 수도 있으므로 이것 또한 수필을 어렵게 하는 조건이다. 감상적이면서도 글이 아름다워야 하고, 글의 내용이 철학적이어야 한다면 수필은 어려울 수밖에 없다.

철학이 있는 수필이란 어떤 것인가? 비판적인 수필에는 철학이 있어야 한다. 해설적인 수필에도 철학이 있어야 한다. 비판의 기준이 있어야 하고, 타당한 비판이어야 하기 때문이다. 해설을 위한 관점이 있어야 하고 설득력 있는 해설이어야 하기 때문이다.

독후감을 감상문으로 생각해서 감상적인 내용으로만 쓸 수도 있다. 하지만 독후감을 써보게 하는 이유를 생각해 보면 가능한 한 비판적인 생각을 해보고 해설적인 생각도 더 해보게 하자는 것임을 이해할 수 있다.

영화평, 음악평 또는 연극평 같은 것도 감상적인 내용으로 쓸 수 있다. 전문 평론가가 아니기 때문에 비판이나 해설의 내용을 더할 수는 없다고 생각할 수도 있다. 그러나 감상을 하는 수준에서 생각을 멈출 필요는 없다. 처음부터 비판적인 생각을 해보는 것이 중요하다. 그러면서, 영화에 대하여, 음악에 대하여, 또는 연극에 대하여 이해의 폭을 넓혀가면서 자신의 관점을 세워 보고, 관점의 선택에 따라서 해설을 해보는 연습을 할 수 있다.

자신의 인생관을 쓰는 글에는 당연히 관점이 들어가게 되어 있지만, 자신의 생애에 대하여 하나의 관점을 가져 본 적이 없었다고 고백하는 학생들이 있다. 인생관이 아닌 생애의 기록을 써오는 학생들이 있다. "너 자신을 알라"라고 한 소크라테스의 말은 들어 본 적도 없다는 학생이다.

이화여대 평생교육원에서 '논술 철학'을 수강하는 사람들은 대부분 30대 후반이나 40대 초반의 가정주부들이다. 그들도 자신의 인생관을 글로 써본다는 것이 참으로 어려운 일이라고 한다. 자신이 어떤 사람으로 살아왔으며, 어떤 사람으로 살아가고 있으며, 또 어떤 사람으로 살아갈 수 있을 것인가에 대한 구체적이고 주체적인 생각을 해본 적이 없었기 때문이라는 것이다. 그들에게 필요한 것은 가능하고 다양한 '여인의 상'을 개념화한 것이라고 판단되어 아래와 같은 목록을 만들어 보았다.

의지의 여인, 집념의 여인

불굴의 여인, 정열의 여인
불멸의 여인, 지혜의 여인
인내의 여인, 반항의 여인
살신의 여인, 신앙의 여인
자비의 여인, 생명의 여인
신비의 여인, 기적의 여인
안개의 여인, 바람의 여인
매혹의 여인, 색깔의 여인
낭만의 여인, 방황의 여인
복수의 여인, 용서의 여인
춤추는 여인, 꿈꾸는 여인

철학적 관점의 기본이 되는 것은 철학적 개념화이다. 철학적 사유의 시작이라고 할 수도 있다. 따라서 철학이 있는 수필에서도 먼저 철학적 개념화로 자신의 생각을 정리하고 체계화해야 한다. 이러한 철학적 개념화를 통하여 드러나는 것이 자신의 가치관이며 이념이다. 자신의 세계관이며 역사관이다. 자신의 인생관이며 이상형이다.

철학이 있는 수필은 글 쓴 사람의 사유 세계를 드러내 줌으로써 철학적으로 성숙하게 한다. 철학적 성숙이 아름다움을 더해 줄 때 수필도 아름다울 수 있을 것이다.

소설의 역사적 가능 세계

우리가 사는 세상이 이토록 비참한데 어찌 소설을 쓰지 않을 수 있겠는가! 현실 세계의 역사가 이처럼 답답한데 어찌 가능 세계의 역사를 이야기하지 않을 수 있겠는가! 모든 소설은 역사적 가능 세계를 그려 준다. 과거 역사에 대해서도 실제와는 다른 가능 세계를 그려 볼 수 있다. 현재의 역사에 대해서도 언제나 새로운 가능성의 세계를 제시할 수 있다. 미래의 역사에 대해서도 희망적인 가능 세계를 꿈꾸게 할 수 있다.

이런 뜻에서 모든 소설은 역사 소설이다. 역사를 소설화한다는 뜻만이 아니라, 소설 속의 세계가 그대로 가능 세계의 역사를 의미한다는 뜻이다. 그런데 '역사적 가능 세계'는 '비실제적인 세계'라든지 '가상 세계'라는 뜻도 포함하기 때문에 그것이 소설의 세계로 그려질 때는 아무런 제한 없이 어떤 가능 세계이어도 좋다고 생각할 수 있다. '픽션'이라는 말이 '무제한적인 가상적 이야기'라는 뜻을 말하는 것 같다. 하지만, '역사적 가능 세계'라는 말은 '가상적 가능 세계'처럼 무제한적일 수 없다.

역사적 가능 세계는 우선 우주의 역사가 가능하게 해주는 세계이다. 우리가 자연의 세계라고 하는 지구상의 세계도 우주의 역사 속에서 은하계와 태양계가 형성되고, 생명이 출현하여 번식할 수 있는 진화의 역사가 가능했기 때문에 존재하게 된 것이다. 말하자면, 물리적 가능 세계가 바탕이 되어 생물적 가능 세계가 실현되고, 생물 세계의 진화 과정에서 우리 인간이 등장함으로써 우리가 말하는 역사의 세계가 가능하게 된 것이다.

'성경' 의 '에덴 동산' 이야기는 자연의 역사에서 어떻게 우리 인간의 역사가 가능하게 되었는지를 소설처럼 그려 주고 있다. 즉, 지금까지도 다른 모든 생물이 살아가고 있는 자연의 역사 속에서만 살아가기에는 우리 인간이 너무 지혜롭게 되었다는 것이다. 자연의 역사와는 다른 인간의 역사를 시작하지 않을 수 없었으며 그 인간의 역사 속에서 우리 인간 특유의 문화 세계를 만들어 가게 되었다는 것이다.

우리 인간의 조상이 에덴 동산으로부터 쫓겨났다는 이야기는 문학적이지만 정확하지는 않다. 자연의 역사와는 다른 인간의 역사를 가능하게 하는, 새로운 차원의 시공간으로 옮겨간 것이었다. 그것을 우리는 인간 특유의 '역사적 시공간' 또는 '문화적 시공간' 이라고 할 수 있다. 그런데 중요한 것은 이 역사적 · 문화적 시공간이 자연적 시공간 안에서, 그것에 의존해서만 존재할 수 있다는 사실이다. 우리 마음의 시공간이 우리 몸의 시공간에 의존해서만 존재할 수 있는 것과도 같다.

자연은 우리 인간의 역사와 문화를 위하여 거의 무제한의 지원을 해주었다. '무한한 자연' 으로 착각하게 할 정도로 자연은 우리에게 모든 것을 허용해 주는 것 같았다. 자녀의 자유로운 성장을 위해 모든 것을 허용해 주고자 하는 부모의 마음과 같다고 할 것이다. 하지만, 자녀가 성장하여 부모의 한계를 이해하게 되듯이 우리 인간도 점차로 자연의 한계를 이해하게 되었다.

우리 인간의 역사에서 가능한 세계는 자연의 역사가 허용하는 범위 안에서의 가능 세계이다. 그런 가능성을 제한하는 것이 논리이다. 자연의 논리가 제한을 하고 역사의 논리가 제한을 한다. 자연이 우리 인간에게 역사적 가능 세계를 허용했다는 것도 그러한 자연의 논리와 역사의 논리가 제한하는 것과 가능하게 하는 것을 이해할 수 있게 해주었다는 것이다. 그런데, 우리 인간은 논리적으로 가능한 세계에만 매료되어 논리적으로 제한된 세계에는 무관심하게 행동해 온 것이다. 역사적 가능 세계의 자유만을 만끽하면서 자연적 가능 세계의 한계를 무시해 온 것이다. 자유에 수반되는 한계와 책임을 무시해 버린 유아기적인 행위였다.

인간의 역사와 문화가 가능하게 해주는 세계에 대한 자연적 가능 세계의 한계를 인식하고 우리 스스로 절제하지 않으면 우리 인간은 또 한번 '에덴 동산'으로부터 추방당하게 될 것이다. 이 두 번째 추방은 물론 자연으로부터의 추방을 말하므로 인류의 멸종과 인간 역사의 종말을 의미하는 것이다.

철학이 역사적 가능 세계에 관심을 갖지 않을 수 없는 것은 그 가능성과 한계성의 논리 때문이다. 논리를 통하여 자연과 역사의 진리를 이해해야 하기 때문이다. 연역 논리적 가능성만으로도 안 된다. 변증 논리적 한계성과 가능성만으로도 안 된다. 자연과 역사에는 귀납 논리도 있고, 유비 논리도 있다. 귀추 논리도 있고, 실천 논리도 있다. 그밖에 아직은 유형화되지 않은 다양한 논리가 자연과 역사의 진리를 말해 주고 있다.

그렇다면, 역사적 가능 세계를 그려 주는 소설에 대한 철학적 관심도 이해할 수 있을 것이다. 종교와 철학과 함께 문학도 자연 세계

안에서의 인간 역사에 대한 책임을 져야 한다면 역사적 가능 세계를 그려 주는 소설의 논리가 문제되지 않을 수 없다. 연역적 계산의 논리가 자연과 역사의 세계에서는 지극히 제한되어 있다는 사실을 이해하면서도 그런 논리를 무제한 적용하여 만들어 내는 가상 세계가 얼마나 위험하게 오용되고 있느냐는 것은 심각한 문제가 아닐 수 없다. 소설이 그런 가능 세계의 시나리오가 될 수는 없다.

시나리오의 영상과 영성

영상 시대의 문학은 시나리오가 대표한다. 모든 작품은 영상화될 수 있어야 한다. 희곡은 말할 것도 없고, 단편 · 중편 · 장편 소설도 그렇고 짧은 수필도 그렇다. 영상화하여 생각하면서 글을 써야 한다는 뜻이다. 어떤 글이든 영상화되면, 그 영상에 맞는 음악을 붙일 수 있다. 음악은 정서적 표현에 강하면서 그 정서의 역사적 논리를 표현할 수 있다. 이성이 지배하는 듯한 역사에도 정서의 논리가 함께 작용하고 있다는 것을 음악이 보여준다.

철학은 이성의 논리가 역사를 지배한다고 생각해 왔다. 철학은 이성의 논리만이 보편성을 보장한다고 생각해 왔다. 그 반면, 정서는 집단의 특성으로 작용하기 때문에 배타적이고 분파적이라는 것이다. 분쟁의 원인이 되고 전쟁의 원인이 된다는 것이다. 그러나 한 집단의 정서가 어떻게 그 집단의 특성으로서 기능하고 작용할 수 있는가를 생각해 보면 정서의 힘과 정서의 논리를 이해할 수 있다. 자연은 우리 인간에게 이성의 힘을 주었지만, 동시에 정서의 힘과 정서의 논리도 부여해 주었다. 다른 동물이나 식물에게서 집단적 행위를 관찰하고 이해할 때 우리는 흔히 정서적인 언어를 적용한다. 우리 인간에게도 더 원초적이고 더 자연스러운 것은 다른 생물과 공유하는 정서적 논리일 수 있다.

정서의 논리는 이성의 논리보다 더 강한 논리일 수 있다. 문제는 보편성에 있다. 이성의 논리와는 다른 방법, 다른 차원에서 정서의 논리도 보편화가 가능한 것이냐가 문제로 남는다. 그런데 이것은 이미 음악과 예술이, 그리고 문학이 그 가능성을 역력히 보여주고 있다. 정서적 특수성을 표현하면서도 정서적 보편성을 지향하게 하고 있다. 지역적 분쟁, 인종적 차별, 민족적 · 국가적 전쟁을 정서의 차이로 설명하면서도 그런 배타적 정서를 초월할 수 있는 보편적 정서의 가능성을 제시해 준다.

철학이 이성의 논리만으로 문학과 예술을 비판하는 데는 한계가 있다는 사실이 드러났다. 철학은 이제 문학과 예술을 이해할 수 있는 정서의 논리에 관심을 가져야 한다. 지성과 감성, 또는 이성과 정서가 조화를 이루어 상호보완적으로 작용할 때 예술에서의 아름다움을 이해할 수 있고, 종교에서의 신비를 이해할 수 있기 때문이다. 지성과 이성으로만 추구하는 이상이 얼마나 제한적이고 편협될 수 있느냐는 것도 소위 '이성의 시대'라는 최근의 인간 역사가 잘 말해 주고 있다.

시나리오로서의 문학을 평하는 철학은 그 내용에 대하여 감성적 지성의 표현이나, 지성적 감성의 표현을 문제시할 수 있다. 기본적으로 감성적이고 정서적인 내용을 어떤 지성적 언어와 논리로 표현하느냐를 문제시할 수 있으며, 기본적으로 지성적이고 이성적인 내용을 어떤 정서적 언어와 논리로 표현하느냐를 문제시할 수 있다. 이것은 작품의 내용을 그것의 폭과 깊이, 수준과 지향하는 바에 대하여 평가하는 문제로 이어진다. 그러면서 궁극적으로 철학이 평하고자 하는 것은 영성적 체험에 이르게 하는 작품의 효과이다. 지성과 감성, 이성과 정서의 조화를 통하여 이를 수 있는 영성적 체험이 작가의 영감에서 감상자의 감동으로 전달되는 효과를 말한다.

문학 작품의 영상화는 특히 정서적 표현을 강하게 해주기 때문에 영성적 체험을 용이하게 해준다. 영상적 표현이 음악적 표현을 수반하게 되면 영성적 체험은 더욱 용이하게 된다.

시인과 철학자

'시란 무엇인가?' 라는 질문에
시인 황지우는 누구나 자기가
좋아하는 시인들의 시를 읽으면서
스스로 답을 구해야 한다고 했다
"시인이란 어떤 사람인가?" 라는
질문을 스스로 생각해 보게 한다
내가 좋아하는 시인은 어떤 사람일까?
시인은 철학자이어야 한다
철학자가 어떤 사람인가를 말하는 내용은
모두 시인에게도 적용되어야 한다

그러면서 시인에게는 철학자가 갖지 못한
아름다운 표현 능력이 더 있다
철학자의 운문이 그대로 시가 될 수 없는 것은
아름다운 표현 능력이 없기 때문이다
내가 좋아하는 시인은 철학자이다
철학자는 누구든 시인이 될 수 있고
시인이 되기를 원하겠지만
철학자의 운문이 그대로
아름다운 시가 되게 하는 표현 능력은
철학자 아무에게나 주어지는 것이 아니다
시인이 될 수 없어서 소설가가 되고
소설가가 될 수 없어서 철학자가 된다
그런데 시인이 감탄하고 부러워하는 사람은
아름다운 시에 곡을 붙여 주는 작곡가이다

동쪽에서 만난 기독교와 철학

신강성으로 가는 길

중국 대륙의 동부에서 서부로 가는 길은 사람이 자연을 지배하는 곳에서 사람이 자연의 지배를 받는 곳으로 가는 길이다. 해가 뜨는 곳에서 해가 지는 곳으로 향하는 길이며, 문명의 혜택을 먼저 받는 곳에서 늦게 받는 곳으로 가는 길이다.

지금의 중동에서 번창했던 문명이 그리스로 가고, 그리스에서 로마로 가고, 로마에서 영국으로 가고, 영국에서 대서양을 건너 미국의 동부로 가고, 미국의 동부에서 미국의 서부로 가고, 미국의 서부에서 태평양을 건너 우리의 극동으로 오고 있다.

극동인 중국의 동부에서 중동에 인접해 있는 중국의 서부로 가는 것은 역사의 과거를 찾아가는 것이다. 그러나 해가 지는 쪽으로 문명이 이동해 간다면 그 곳은 역사의 미래가 되기도 한다. 모든 것이 사막화되어 버릴 미래를 보여주는 곳이다.

차창 밖의 풍경이 단조로워지고 덜컹거리는 기차 소리가 익숙해지면서 시간이 점점 느려지는 기분이었다. 몽롱해졌다. 아득히 먼 곳으로 끌려가는 나의 몸이 점점 작아졌다. 마침내 한 점으로 축소되어 버렸다.

내 자신으로 다시 돌아왔을 때 나는 열심히 강의를 하고 있었다. 유럽의 기독교는 쇠퇴한 것인가? 성숙한 것인가? 기독교는 새로운 문화적 토양을 필요로 하는가? 그리스 철학과 접목이 되어 서양 역사를 지배해 온 기독교가 이제는 새로운 철학과의 접목을 기다리고 있는가? 종교도 생명을 지속하기 위해서는 거듭나야 하는가? 문화적 토양이 되어줄 철학을 바꾸어야 하는가?

기독교의 새로운 문화적 토양이 될 철학은 동양 철학인가? 동양 철학과의 접목은 기독교의 모습을 어떻게 변화시킬 것인가? 특히 그리스 철학의 초월주의와 동양 철학의 내재주의를 기독교는 정합할 수 있을까? 초월주의와 내재주의가 종합적으로 지양될 수 있는 길은 없을까?

2차원의 평면에서 사는 평면족과 3차원의 입체 세계에서 사는 입체족, 그리고 시간-공간의 연속을 뜻하는 4차원의 세계에서 산다는 시공족의 이야기로 강의는 계속되었다.

어느 날 평면족의 철학자들이 두 집단으로 나뉘어져 논쟁을 했다. 우주의 역사는 동쪽에서 시작되었다는 '동원설'과 서쪽에서 시작되었다는 '서원설'의 대립이었다. 모든 것이 동쪽에서 서쪽으로 움직이고 있다는 사실이 동원설의 근거였다. 그러나 서원설을 주장하는 철학자들은 본래 모든 것이 서쪽에서 시작되었지만 지금은 동쪽 끝까지 갔다가 서쪽으로 돌아가는 과정이라고 반격했다. 그러자

동원설을 주장하는 철학자들도 반복설을 받아들이면서 그래도 최초의 시작은 동쪽이었다고 논박했다.

동원설과 서원설의 논쟁이 열기를 더해가고 있는데 자신을 입체족이라고 소개한 철학자가 나타났다. 입체족 철학자의 말은 우주가 둥근 입체로 되어 있다는 것이었다. 따라서 동쪽 끝은 서쪽 끝이 되며, 동쪽과 서쪽은 방향이 다를 뿐 서로 만나게 되어 있다는 설명이었다. 그러나 평면족들에게는 무의미한 궤변이었다. 평면족의 언어 질서를 파괴하는 말이었다. 동쪽은 동쪽이고 서쪽은 서쪽이다. 이것은 기본적이고 본질적인 구별이다. 이러한 구별을 혼동하면 언어적 의사 소통을 혼란스럽게 한다.

동원설과 서원설로 싸우던 평면족 철학자들은 입체족이라고 하는 그 이방인을 추방하기로 합의했다. 평면족의 언어 질서를 파괴하는 위험 인물로 판단한 것이다. 언어 질서가 지켜지지 않으면 어떠한 진리도 보장될 수 없다.

한편, 입체족 사회에서는 초월주의와 내재주의의 대립으로 철학적 논쟁이 벌어졌다. 초월주의적 종교와 내재주의적 종교가 양 진영을 각각 지원하고 있었으므로 논쟁은 더욱 격렬해졌다. 서로에 대한 배타적 감정은 더욱 심화되었다. 철학 사상은 합리적 논쟁으로 설복할 수 있으나 종교적 신앙은 논쟁으로 바꿀 수 있는 것이 아니었다. 또한, 한 개인이 어떤 이유로든 개종한다는 것은 관용할 수 있으나 전체 교단의 신조를 포기한다는 것은 불가능한 일이었다. 차라리 종교 전쟁으로 승패를 가리는 것이 낫다고 생각할 정도로 초월주의자와 내재주의자의 대립은 극한으로 치닫고 있었다.

입체족의 철학적 대립이 종교적 갈등으로 악화되어 가는데 시공족이라고 자처하는 철학자가 나타났다. 시공족의 믿음에 따르자면 우주에는 공간적 끝도 없고 시간적 시작과 끝도 없다는 것이다. 따라서 초월주의적 하느님을 공간적으로 우주의 바깥에 존재한다고 해서도 안 되며, 시간적으로 우주의 역사 이전부터 존재했다고 생각해서도 안 된다는 것이다.

마찬가지로, 공간적으로 제한된 우주 안에 내재주의적 하느님이 존재한다거나, 시간적으로 유한한 우주의 역사 속에 그런 하느님이 존재한다고 생각하는 것도 잘못이라는 것이다. 시간-공간의 연속을 의미하는 4차원적 언어로 말하자면 입체족의 초월주의나 내재주의는 무의미하기 때문에 서로 구별되거나 대립될 수도 없다고 했다.

초월주의적 종교와 내재주의적 종교를 다같이 미숙한 종교로 매도하는 시공족 철학자를 입체족 종교인들은 용납할 수가 없었다. 시공족의 언어로 종교를 말하는 철학자는 모두 입체족의 사회에서 추방하기로 했다.

먼 훗날 시공족 사회에서 우주론 논쟁이 벌어지면 또 어떤 족속의 철학자가 나타나 참견을 하다가 추방당할 것인가? 하느님은 왜 이런 논쟁의 역사와 추방의 역사를 그냥 지켜보고만 계실까? 왜 진리는 이런 갈등과 대립을 통한 발전의 과정을 필요로 하는가? 진리가 우리를 자유롭게 해주리라는 것을 알면서도 왜 우리는 진리를 두려워하는가? 왜 진리를 말하는 사람이 추방되어야 하는가?

고고학이 발전하면서 기독교 신학자들 중에는 진리를 두려워하는 마음이 생겼다. 혹시라도 예수의 무덤이 발굴되면 어떻게 할 것인가라는 두려움이었다.

모래에 묻힌 시간

발굴 현장으로 가기 전 마지막 마을이었다. 나는 한 상점 앞에서서 아무렇게나 흩어져 있는 기이한 물건들에 정신을 잃고 있었다. 진열된 상품들이 아니라 그냥 모아 둔 물건들이었다. 수천년을 모래 속에 묻혀 있던 것들이었다. 모래에 묻힌 시간이 멈추어 버린 흔적들이었다.

갑자기 주위가 조용해짐을 느꼈다. 사람들이 웅성거리던 소리가 멈추어 버렸다. 함께 있던 일행이 없어졌다. 아무도 없었다. 바람이 일어 모래 먼지가 날리기 시작했다. 두려운 마음으로 사방을 살피다가 뒤를 돌아보니 젊은 스님이 기다렸다는 듯이 서 있었다.

교수님, 잘 오셨습니다.

나를 기다리고 있었나요?

큰스님께서 마중을 나가라고 하셨습니다.

큰스님이라고요?

네, 곧 가서 뵙게 될 것입니다.

어떻게 내가 올 것을 아셨지요?

상점 앞엘 가면 기다리고 계실 거라고 하셨습니다.

우리 일행은 모두 어디로 갔지요?

다음 행선지로 모두 떠났습니다.

나를 두고 떠났다구요?

스님이 계신 절은 여기서 얼마나 멀지요?

동네 뒤로 보이는 저 언덕 너머에 있으니 금방 갈 수 있습니다.

젊은 스님은 벌써 저 만큼 앞서 가고 있었다. 부지런히 스님을 따라서 찾아간 절에 도착한 것은 해가 지평선에 걸릴 무렵이었다. 정오쯤에 그 마을을 떠났으니 빤히 바라보이던 거리가 그렇게 멀다는 것이 이상했다.

큰스님이 있는 절은 절벽에 굴을 파서 만든 것이었다. 밖에서 보기보다는 안으로 들어설수록 큰 공간들이 연결되어 있었다. 거기에 절이 있다는 것을 미리 알고 찾아오지 않는 한 하찮은 동굴 정도로 보고 지나쳐 버릴 것이 분명했다.

오래 기다렸던 사람을 만난 듯이 반갑게 맞아주는 큰스님은 몇 백년을 모래 속에 묻혔다가 나온 사람 같았다. 살아 있는 미이라라고 할 만큼 나이를 추측할 수 없게 했다. 그런데도 얼굴만은 동안과 같은 생명력을 지니고 있었다. 맑은 눈빛에서 오는 인상일 수도 있었다. 어린아이와 같은 웃음 때문일 수도 있었다.

예수의 무덤을 찾아오셨다고요?

서쪽에서 온 사람들의 미이라가 이곳에서 발굴되었다는 보도에 관심을 갖게 되었습니다.

수천년 전부터 여기는 서방 사람들이 살고 있었다고 하지만 예수의 무덤은 찾을 수 없어요.

찾을 수 없다니요? 예수의 무덤이 있긴 있다는 뜻입니까?

저 넓은 사막의 어디엔가 있겠지요.

어떻게?

어떻게 그걸 자신하느냐고요?

네.

그를 묻어 준 사람이 있었으니까요.

누가?

예수의 제자 중 한 사람이던 '도마'라는 사람이 바로 그 사람이지요.

그것이 사실이라고 하더라도 그것은 2000년 전의 일일 텐데요?

이 절의 역사는 2000년을 훨씬 넘지요. 여기서 전해 내려오는 이야기에 따르면 그렇다는 것이지요.

전설이라고 할지라도 그처럼 중요한 이야기가 왜 여태껏 세상에 알려지지 않았을까요?

'도마'라는 사람이 절대로 그것을 세상에 알리지 말아달라고 부탁을 했답니다.

그렇다면 지금까지 지켜진 비밀을 왜 이야기하시는지?

그 사람의 부탁은 예수 탄생 2000년이 될 때까지 절대 비밀로 해 달라는 것이었으니까요.

금년이?

예. 금년이 서기 1996년인데 예수가 태어난 해는 기원전 4년이라고 하지 않습니까?

그렇군요. 하지만 예수의 제자 도마가 어떻게 여기까지?

여기서는 '도마의 예수 이야기'라고 하지요.

'도마의 예수 이야기'를 처음 전해 준 스님의 이야기는 이렇게 시작되었다.

모래 바람이 심하게 불던 어느 날 밤 스님은 예수가 동굴로 찾아오는 꿈을 꾸었다. 전에도 가끔 찾아온 적은 있었으나 꿈에 나타난 예수는 먼 곳으로 떠나게 되어 다시는 못 오게 될 것이라면서 인사를 하러 왔다고 했다. 꿈에서 깬 스님은 바깥에 누가 와 있는 것 같은 느낌이 들어 동굴 밖을 나가 보았다. 몸이 반쯤 모래에 묻혀 신음하는 사람이 있었다. 그러나 그는 스님의 꿈에 찾아온 예수가 아니라 그의 제자 도마였다.

도마는 의심이 많은 사람이었다. 예수가 부활한 후 제자들에게 나타났을 때도 도마는 환상이 아님을 확인하고자 했다. 손에 있는 못자국을 직접 만져 본 후에야 부활한 예수를 믿을 수 있었다. 예수의 승천에 대해서도 도마는 그대로 믿을 수가 없었다. 예수는 이 땅 어디엔가 살아 있을 것이라는 생각을 했다. 이미 예수의 부활과 승천 소문이 퍼져 있었으므로 아무도 찾아갈 수 없는 먼 곳으로 떠나 버렸으리라고 믿었다. 도마는 그곳이 동방의 어느 나라일 것이라고 짐작했다.

예수가 홀연히 나타나서 사람들을 가르치기 시작했을 때도 그에 관한 소문은 파다했다. 12세쯤에 어디론가 떠났던 그가 30대 청년이 되어 돌아왔으므로 그 긴 세월을 어디서 무엇을 했느냐가 소문이 되었다. 예수 자신이 일체 말을 해주지 않은 것도 이상했다. 소문에는 그가 동쪽의 나라들을 돌아다녔다고 했다. 그가 태어났을 때 동방의 박사들이 찾아왔다는 사실도 무관하지는 않은 것 같았다. 부활 후에 제자들이 그를 따라가겠다고 나섰을 때도 그가 가는 곳은 아무도 따라올 수 없는 낯선 곳이라고 했다. 로마나 서방의 어느 나라가 아님을 암시한 것이다. 서방이나 주변의 나라들은 로마의 권력하에 있었으므로 쉽게 왕래할 수 있었다. 그뿐만 아니라 그를 십자가에 못박아 죽게 한 것도 로마의 권력이었으므로 예수는 로마의 영역을 벗어나기로 했을 것이다. 부활의 소문은 로마를 다시 긴장하게 할 수도 있었기 때문이다.

도마는 예수를 찾아서 동쪽으로 나섰다. 먼저 소문에서처럼 예수가 그 곳의 여러 나라들을 다녀갔다는 사실을 확인할 수 있었다. 그러나 그가 다시 돌아왔다는 곳은 없었다.

고향으로 돌아온 도마는 예수를 만나는 꿈을 꾸고서 다시 그를 찾아나섰다. 예수를 기억하는 사람들이 있는 곳을 따라서 점점 더 먼 곳까지 찾아갔다. 그러나 여전히 다시 찾아온 예수를 보았다는 사람은 아무데도 없었다.

고향으로 다시 돌아온 도마는 이상한 소문을 듣게 되었다. 예수를 찾으러 간 사람이 또 있었다는 소문이었다. 마리아라는 여인이었는데 벌써 여러 해 전에 예수를 찾아 동쪽으로 떠났지만 소식이 없다는 이야기였다. 도마는 세 번째 길을 나섰다. 예수를 찾아간 여인을 기억하는 사람이 있는지를 물어서 갔다.

중국 땅에 접해 있는 작은 마을에서 마침내 예수와 마리아의 소식을 듣게 되었다. 그 마을에서 만난 두 사람은 소문이 나기 시작하자 중국으로 넘어갔다는 소식이었다. 서방 사람들이 모여 산다는 어느 오지의 마을을 찾아 떠났다는 이야기였다.

기적을 기다리는 사람들

예수의 가족을 찾은 도마는 놀라움과 기쁨으로 감정을 억제할 수가 없었다. 부활한 예수는 승천한 것이 아니라 이 땅 위 어느 곳에 살아 있어야 한다는 자신의 믿음을 확인하게 되었다는 기쁨과 함께 스승을 다시 만나게 된 기쁨이 가슴을 벅차게 했다. 그러나 놀라운 것은 예수와 마리아 그리고 아이가 행복한 가정을 이루고 있다는 사실이었다. 도마를 놀라게 한 또 한 가지의 사실은 40대 중반의 장년인 예수가 70대 노인으로 보인다는 것이었다. 십자가와 부활이라는 엄청난 체험이 수십년의 나이를 더해 주었다고 생각했다. 너무 수척해 있었고 기력이 없었다. 다행히 소년이 된 아이가 안팎의 힘든 일을 돕고 있었으며 예수를 보살펴주는 마리아의 정성은 지극했다.

늙어 가는 예수의 초라한 모습이 측은했지만 도마는 곧 심각한 문제에 부닥치지 않을 수 없었다. 예수와의 대화도 긴장감을 갖기 시작했다.

선생님은 부활을 어떻게 보십니까?

부활한 내가 이렇게 살아 있으니 입증된 것이 아닌가? 지금도 내 손의 못자국을 다시 확인하자는 뜻은 아니겠지?

죽었다가 다시 살아나는 부활만을 의미하지 않는 영원한 삶으로서의 부활은 어떻게 생각하시는지요?

이곳 동방 사람들도 영혼 불멸을 믿고 극락 세계를 믿지만 영원한 삶에 대해서는 잘 알 수 없다고 하는 것 같네. 그들 중에는 영혼의 환생을 믿는 사람들도 있지만, 그것은 영원한 삶이라고 할 수 없지? 같은 영혼과 같은 몸이 영원히 함께 사는 것이 영원한 삶이라면 말일세.

선생님, 고향 사람들은 부활한 몸이 그대로 영원한 삶을 살 수 있다고 믿는 것 같습니다.

그것은 그들의 믿음이기는 하지만…….

그러니까 승천을 믿는 것입니다. 부활한 선생님이 그 몸 그대로 승천했다고 믿는다는 말입니다.

그렇더라도 그들의 믿음을 내가 어떻게 할 수는 없는 것이 아닌가?

그들이 환상을 본 것이겠지요. 그러나 중요한 것은 그것이 믿음으로 바뀌어 가고 있다는 사실입니다.

그들에게는 그런 믿음이 필요하기 때문이겠지.

그렇지요.

이곳 동방 사람들에게는 우리의 몸이 영원히 살아야 한다는 믿음 같은 것이 필요치 않는 것 같네.

우리가 살아온 환경과 역사가 다르기 때문이겠지요. 우리는 기적을 믿는 민족이니까요. 기적 중에 제일 큰 기적은 우리의 몸이 부활하여 영원히 살 수 있게 되는 기적이고요.

자연 환경이 너무 혹독했기 때문이겠지. 기적 같은 일이 일어나듯이 예기치 못한 재난이 일어나 생명을 앗아가는 환경과 역사였기 때문일 거야.

문제는 앞으로도 그런 환경과 그런 역사 속에서 살아가야 한다는 데 있지요. 그러니까 기적을 믿는 그들을 탓할 수가 없다는 것입니다.

결국은 그들도 성숙하게 될 텐데.

부활과 승천의 기적을 믿지 않아도 되려면 얼마나 기다려야 할까요?

그것은 백년 이백년에 변할 수 있는 일은 아니지. 환경이 바뀌고 문화권이 바뀐다는 뜻이므로 천년 이천년은 잡아야겠지.

넉넉잡아 이천년이라고 하면, 그 이천년 동안을 살아가기 위해 필요한 것이 부활과 승천의 기적을 믿는 믿음입니다.

예수는 도마의 마음을 읽을 수 있었다. 예수는 눈을 감은 채 말이 없었다. 지친 듯한 그의 얼굴에는 역사의 무거운 그림자가 드리워져 있었다. 십자가를 지는 역사적 행위로써 자신의 임무는 끝난 것이 아닌가? 부활은 십자가의 고통에 대한 대가가 아니었던가? 왜 그 엄청난 사건의 그림자까지 자신이 책임져야 한단 말인가? 왜 그 역사적 그림자를 위해 또 한번 죽어야 한단 말인가? 덤으로 얻은 여생을 조용히 살아갈 수 있는 기쁨마저 빼앗겨야 할 이유는 무엇인가? 그러나 이번에도 예수는 자신의 뜻대로 될 일이 아니라는 것을 깊이 느끼고 있었다.

마리아도 도마의 마음을 읽을 수 있었다. 적막이 흐르는 한밤중에 마리아는 도마를 찾아와 조용히 간청했다. 마리아 자신은 예수를 따라가기로 각오가 되어 있으나 아이만은 살아남게 해달라는 부탁이었다. 아이는 마리아가 예수를 찾아왔을 때 이미 잉태하고 있었다는 고백을 했다. 예수도 그 사실을 알고 있다는 말을 덧붙였다. 도마는 마리아의 말을 믿을 수도 믿지 않을 수도 없었다. 예수에게 그 사실을 물어본다는 것도 도움이 될 수는 없을 것 같았다. 의심이 많은 도마의 결단은 미래의 가능성을 모두 배제해 버려야 한다는 쪽으로 갈 수밖에 없었다. 예수의 부활과 승천을 부정할 수 있는 어떠한 흔적도 남겨서는 안 된다고 생각했다. 모든 것은 모래 속 깊이 묻혀 버려야 한다고 생각했다. 적어도 2000년 동안은 묻혀 있을 모래 속으로 사라지게 해야 한다고 마음먹었다.

심한 열병을 앓고 난 도마는 악몽에 시달리게 되었다. 밤마다 자신이 모래 속에 묻혀 질식해 가는 꿈을 꾸었다. 스스로 책임져야 할 자신의 운명을 말해 주는 꿈이라고 믿었다. 고향으로 돌아갔을 때의 자기 자신을 믿을 수가 없다는 생각이 들었다. 예수의 부활과 승천을 반증할 수 있는 마지막 증인이 될 수 있다는 자신이 두려워졌다. 고향으로 돌아갈 수 있는 자유가 허용될 수 없음을 깨달았다. 모든 것을 이곳의 모래 속에 묻어 버려야 했다. 악몽에 시달린 도마는 극도로 쇠약해졌다. 너무 늦기 전에 모든 것을 스님께 이야기하기로 했다. 스님과 스님의 후예들은 2000년의 약속을 지킬 수 있으리라고 믿었다.

'도마의 예수 이야기'는 예수의 부활과 죽음 이야기에서 그의 탄생 이야기로 이어졌다.

어머니의 나라와 아버지의 나라

예수를 따르는 사람들이 점점 늘어나자 유대교 지도자들은 그의 혈통 문제를 은밀히 이야기하기 시작했다. 마리아의 아들이지만 요셉의 아들은 아니라는 말이 공공연하게 떠돌았지만 요셉이나 마리아가 이를 부정하지 않았다. 법적으로는 요셉의 아들이었지만 혈통을 중요시하는 유대 민족의 종족 의식으로는 그를 받아들일 수 없었다. 법적으로 요셉의 아들이라는 사실보다는 혈통으로 누구의 아들인가가 더 중요했다. 그러나 마리아는 끝내 입을 열지 않았다. 예수의 아버지가 누구라는 것은 마리아만이 알고 있는 비밀이었다.

어린 예수의 총명함은 12세 때에 예루살렘 성전에서 유대교의 지도자들과 토론을 벌일 수 있었다는 데서도 드러났다. 그러나 유대교의 지도자들은 이 총명한 아이를 그들의 품안으로 받아 주지 않았다. 마리아는 그것이 예수의 혈통 문제 때문이라고 믿었다. 마리아는 예수의 성장에 깊은 관심을 가졌지만 요셉은 평범한 아이로 자라도 좋다는 정도로 특별한 관심을 보이지 않았다. 겨우 12세의 어린 예수를 고향으로부터 떠나 보내어 성장하게 한 것도 마리아의 결단이었다.

30대의 성년이 되어 돌아왔을 때도 마리아는 예수가 어디서 무엇을 하고 왔는지를 알고 있었다. 예수의 복음이 유대교의 가르침에 대해서는 충격적이고 혁명적이며 이단시될 수 있으리라는 것도 마리아는 예상하고 있었다. 마리아는 그 모든 것이 하느님의 뜻이라고 받아들였다. 예수는 결코 유대교의 지도자가 될 수 없으며, 유대인의 왕이 될 수 없다는 것도 마리아는 처음부터 알고 있었다. 오히려 십자가에 못박히는 형을 당함으로써 하느님의 뜻을 실현하게 될 운명이라는 것도 마리아는 마음속 깊이 새기고 있었다.

도마는 마리아의 비밀이 궁금했다. 마리아의 침묵이 위대하게 보였다. 부활한 예수를 찾아나선 도마는 동방에서 예수를 기억하는 사람들에게 그의 이야기를 물었다. 동방 사람들이 알고 있는 예수의 탄생 이야기와 인연 이야기를 알아보기로 했다.

동방 사람들이 전하는 예수 이야기는 이러했다.

요셉과 정혼한 마리아는 한편 기쁘면서도 또 한편으로 이상한 구속감을 느꼈다. 말괄량이로 소문난 마리아였기 때문이었을 것이다. 밤마다 마리아는 억제할 수 없는 이상한 충동에 이끌려 마을 뒷산으로 올라갔다. 광활한 하늘의 별들을 쳐다보며 깊은 생각에 잠기곤 했다. 가슴이 후련해짐을 느낄 때까지 별들과 대화를 나누다가 집으로 돌아왔다.

별들이 유난히 빛나는 어느 날 그곳을 지나가던 한 동방인이 마리아를 만났다. 로마와 아테네로 가던 동방의 박사였다. 잠시 휴식을 하면서 그는 마리아와 별이야기를 나누었다.

동방 박사가 로마와 아테네 방문을 마치고 자기 나라로 돌아가는 길에 마리아는 다시 그를 만나 별이야기를 나눌 수 있었다. 그날 밤 마리아는 별똥별들이 화려하게 떨어져 내리는 하늘 아래서 동방 박사와 사랑을 맺었다. 억제할 수 없는 이상한 힘에 끌려 두 사람의 사랑이 맺어졌다.

마리아가 잉태한 것을 알게 된 요셉은 심각한 고민에 빠졌지만 마리아는 태연했다. 요셉은 마리아와 아기를 받아들이기로 했다. 그때서야 마리아는 아기의 아버지가 동방박사라는 것을 요셉에게 말해 주었다. 요셉은 그 사실을 혼자서만 알고 있기로 결심했다.

아기 예수가 태어났을 때 그 동방박사는 두 명의 동방박사들과 함께 그의 탄생을 축하하러 왔다. 마리아는 그들 중에서 누가 아기의 아버지라는 것을 요셉에게 말해 주지 않았다. 아기의 아버지인 동방박사도 아기의 장래에 관한 말을 마리아에게만 해주었다. 나중에 아기가 자라면 자기네 나라로 보내달라는 부탁의 말이었다.

어린 예수는 자라나면서 아버지 요셉과 점점 멀어져 갔다. 요셉의 목수일에도 관심을 보이지 않았으며 서로 닮은 데가 없는 것도 문제가 되었다. 예수는 어릴 적부터 명상을 좋아하고 동네 어른들과 대담하기를 좋아했다. 12세 때 성전에서 있었던 토론은 마리아를 기쁘게 해주었지만 앞으로의 일을 염려하게 했다. 마리아는 예수의 능력을 믿고 집을 떠나보내기로 결심했다.

마리아는 예수에게 '아버지의 나라' 이야기를 해주었다. 동방박사의 이야기를 해주고 그의 나라로 찾아갈 것을 제안했다. 예수는 어머니의 제안을 받아들였다. '어머니의 나라' 로 꼭 돌아오겠다는 약속을 하면서 어린 예수는 동방의 그 나라를 찾아갔다.

예수가 '아버지의 나라' 를 찾아갔을 때 그 동방박사는 이미 세상을 떠나고 없었다. 그의 유족들은 예수의 사연을 듣고 반갑게 맞아 주었다. 얼마 동안 그들의 보살핌을 받은 예수는 수도원을 찾아가기로 했다. 이곳저곳의 수도원을 찾아다니면서 예수는 그의 젊음을 '아버지의 나라' 가 있는 동방에서 보내게 되었다.

'어머니의 나라'로 돌아간 예수가 어이없이 십자가형을 당했다가 기적적으로 부활하게 되자 마리아는 그를 '아버지의 나라'로 돌아가게 했다. '아버지의 나라'로 다시 돌아온 예수는 아무도 모르게 조용히 수도원에 묻혀 살기로 했으나 젊은 여인 마리아가 그를 찾아오면서 소문이 나기 시작했다. 예수와 마리아는 더 깊숙히 중국 땅으로 소문을 피해 가기로 했다.

젊은 여인 마리아가 예수를 찾아가게 된 것은 어머니 마리아의 청원 때문이었다. 다시는 볼 수 없는 아들을 대신 보살펴 주기를 간청한 어머니의 애달픈 심정 때문이었다.

예수의 이야기를 다 하고 난 도마는 오랜만에 깊은 잠에 빠졌다. 그 날은 이른 저녁부터 성난 모래 바람이 온 세상을 덮어 버릴 것처럼 요란하게 불어왔다. 도마는 그 요란한 바람 소리에도 깨어나지 않고 깊이 잠들어 있었다. 그러던 도마가 없어진 것을 스님들이 알게 된 때는 자정이 가까워진 시간이었다. 스님들은 바람이 자기를 기다릴 수밖에 없었다. 자정을 넘어서자 바람이 그치고 온 천지가 죽은 듯 잠잠해졌다. 스님들은 도마를 찾아나섰다. 스님들이 발견한 도마는 얼굴만 모래 위로 내민 채 영원히 잠들어 있었다. 그러나 끝내 감지 못한 그의 두 눈은 쏟아져 내릴 것만 같은 별들을 헤아리는 듯 맑고 또렷했다. 생기가 돌고 있는 듯했다.

스님들은 도마의 소원대로 모래 속 깊은 곳에서 눈을 감게 해주었다. 그의 시신조차도 이 끔찍한 사건의 증거가 되지 못하게 했다. 적어도 2000년이란 시간이 모래 속에서 멈추어 있도록 했다.

십자가가 상징하는 것

큰스님은 부활과 승천에 관한 대화를 이끌어 갔다.

예수의 기적을 믿는 사람들이 기독교를 만든 지 2000년이 지난 지금까지도 부활과 승천의 기적을 기다리는 사람들이 있다지요?

예. 최근에도 몸이 그대로 하늘로 올라가 영원히 살 수 있다고 믿는 사람들이 한바탕 소동을 벌였지요.

예수의 부활과 승천을 기적으로 인정하더라도, 그 이후에는 한 번도 그런 기적이 되풀이되지 않았다는 사실을 알면서 어떻게 그런 신앙을 지켜 갈 수 있을까요?

아마, 그들은 그 기적의 가능성을 믿는 것이 아니라 그것의 필요성을 믿는다고 해야 할 것입니다.

무덤에서 썩어 버린 우리의 몸이 생명체로 다시 살아난다는 믿음은 제쳐 놓고서라도 지금 이 몸이 그대로 승천하여 영원히 살 수 있다는 믿음은 어떻게 설명할 수 있을까요? 우리의 몸이 영원히 살 수 있는 어떤 세계가 있을까요?

지금 이 생명체는 이 지구상의 조건과 같은 상태에서만 생존할 수 있으리라 생각됩니다. 생명체로서의 우리의 몸이 필요로 하는 생존 조건이 제한되어 있으니까 그럴 수밖에 없겠지요. 그러나 '몸'이라는 것을 넓은 의미로 일반화해서 이해하면 다른 차원의 다른 세계에서 존재할 수 있는 '몸'을 생각해 볼 수 있습니다.

먹어야 살고 숨쉬어야 사는 이 몸과는 다른 몸이 있다는 말인가요?

먹는 것이나 숨쉬는 것도 일종의 정보 교환의 기능으로 볼 수 있습니다. 그리고 모든 개체는 정보 교환의 기능을 하는 구조물이라고 일반화할 수도 있습니다. 그런데 그것이 구조물 또는 구조체라는 측면으로 말하자면 '몸'이라고 할 수 있으며, 그것이 정보 교환의 기능을 한다는 측면으로 말하자면 '마음'이라고 할 수 있습니다. 그리고 교환되는 정보의 내용이라는 측면으로 말하자면 '언어'나 '정보'라고 할 수 있고요. 그러니까 이 세상에 존재하는 모든 것은 정보 교환의 기능을 하는 구조물이므로 몸과 마음과 언어의 측면을 가지고 있다는 뜻입니다. 그런 세 가지 측면에서 모든 것을 이해하고 설명하도록 해야 한다는 뜻이지요.

그것 참 신기하군요. 우리 불교의 경전에도 그런 세 가지 측면으로 모든 존재하는 것을 보게 하는 말씀이 있거든요.

진리가 바로 그런 것이 아니겠습니까? 현대의 첨단 과학이라고 하는 정보과학과 인지과학이 가르쳐 주는 몸과 마음과 언어의 상호관계에 관한 진리가 불교 경전에서 이미 언급이 되고 있었다는 것은 놀라운 일이 아니지요.

그러면 그것이 몸의 부활과 승천을 어떻게 설명할 수 있다는 것인가요?

정보 기능을 하는 구조물을 몸이라고 할 때 그러한 구조물은 지금 우리의 몸과 같은 생명체에만 국한되는 것이 아닙니다. 우리의 몸과는 다른 원소들과 다른 구조로 된 구조물이 정보 기능을 할 수도 있습니다. 이 땅 위의 생명체들과는 다른 구조물이 되어 정보 기능을 할 수도 있다는 뜻입니다. 우리의 몸은 죽으면 썩어 버려야 하지만 우리의 정보 기능은 다른 차원의 어떤 구조물에 의해서 계속 수행될 수도 있다는 말입니다.

영혼의 기능도 일종의 정보 교환 기능이겠지요?

그렇지요. 영혼과 마음을 구별하는 뜻도 그들의 정보 기능을 가능하게 하는 구조물이 서로 다를 수 있음을 암시한다고 생각됩니다. 순수한 영혼의 기능이 가능한 세계에는 지금의 우리 몸과 다른 구조물의 몸이 있으리라는 뜻입니다.

그러나 그 영혼은 우리의 마음이 필요로 하는 우리의 몸을 통해서도 기능하고 있는 것이지요?

마음의 기능과 영혼의 기능은 그처럼 밀접하게 연결되어 있으면서도 서로 구별될 수 있는 것 같습니다.

그렇다면, 불교의 환생 신앙도 설명이 될 수 있겠군요.

영혼의 기능이나 마음의 기능을 가능하게 하는 몸으로서의 구조물은 다른 차원의 다른 성질의 구조물이 될 수 있으리라는 것은 하나의 가설입니다. 우리의 지금 이 몸이 그대로 승천하여 영원히 살 수 있다는 것을 믿는 믿음을 대신하여 새로운 차원의 새로운 몸을 가정해 보자는 뜻입니다. 이러한 가정으로 영혼 불멸이나 환생을 설명하고자 하거나 설명할 수 있다는 것은 아닙니다.

종교적 신앙은 여전히 합리적 설명이 되지 않는 신비스러운 영역을 남겨 두고 있다는 뜻이군요.

그 신비스러운 영역이 합리적으로 볼 때 명백하게 잘못된 믿음을 갖게 해서는 안 된다는 뜻입니다. 우리의 몸이 지금의 상태 그대로 승천하여 더 늙지도 않고 영원히 살아갈 수 있으리라는 믿음은 불합리하다는 뜻입니다. 몸의 부활과 영생은 다른 어떤 차원의 몸으로 바뀌지 않으면 불가능하다는 것을 우선 말하자는 뜻입니다.

부활과 승천의 기적을 믿는 것은 역사적인 기독교에 필요한 신조가 되었다고 할지는 모르겠으나 사실상 기독교 역사에 힘이 되어 온 것은 십자가의 사건 그 자체가 아닐까요? 예수의 십자가 이후의 기적보다는 십자가의 죽음 그 자체가 의미하는 바가 역사적 기독교를 지켜 준 힘이 아닌지요?

예수가 십자가에 못박혀 죽은 것은 남을 위한 자기 희생과 원수까지도 용서한다는 적극적 사랑의 실천이었습니다.

십자가가 상징하는 것은 사랑을 실천하게 하는 강한 동기를 불어넣어 주는 것 같아요. 사랑을 실천한다는 강한 동기 때문에 행동의 결과가 나쁘게 나타나더라도 스스로를 탓하지 않을 수 있지요. 기독교가 서구 사회와 역사를 지배하고, 서구 사회가 세계를 정복할 수 있게 한 것은 십자가의 죽음이 상징하는 실천적 힘이었다는 뜻이지요.

동양의 종교에는 십자가에서 피를 흘리는 예수의 상 같은 강한 상징성이 없는 것 같습니다. 적극적 행동을 유발하기보다는 소극적 자제력을 권유하는 것이 동양의 종교들이 갖는 공통점인 것 같습니다.

예수의 십자가 사건은 30대의 젊은이로서 수행한 역사였지만, 석가모니 붓다의 가르침은 80세 노인이 되기까지 갈고 닦은 지혜였지요. 지혜는 사람을 차분하게 하면서 중용의 도를 선택하게 하는 반면 적극적인 사랑의 실천은 시행착오를 하게 하는 극단으로 나아가게 하지요.

정체적인 동양의 풍토와 역동적인 서양의 풍토를 종교적인 차이에서도 찾아볼 수 있다는 말씀입니다. 하지만 기독교 안에도 중용의 도를 선택하게 하는 가르침이 있고, 불교 안에도 적극적 행위를 선택하게 하는 가르침이 있지 않습니까?

하나의 문화권을 그토록 오래 이끌어 온 종교니까 불교든 기독교든 소극적인 면과 적극적인 면을 다 가지고 있겠지요. 하지만 동양과 서양을 비교하고 불교와 기독교를 비교하면 서로의 상대적인 특성이 두드러지게 나타날 수밖에 없지요.

서양 문명의 지배를 받아 온 동양이 서양의 기독교를 보는 눈이라고 해도 좋을 듯합니다. 오늘의 기독교가 그런 동양적 시각을 얼마나 수용할 수 있을지요. 2000년의 역사를 가진 기독교가 예수의 재림을 뜻할 만큼 새롭게 태어날 수 있을지, 성숙하게 될 수 있을지 우려됩니다.

하느님의 아들과 하느님의 역사

큰스님은 기독교의 역사관과 신관에 대한 대화를 계속하자고 했다. 불교만이 아니라 동양의 전통적 종교들이 모두 역사관이나 신관을 중요시하지 않거나 아예 관심을 두지 않는 것은 단점이라고 하는데 과연 그런 것이냐고 물었다.

기독교의 신관과 역사관은 함께 묶어서 생각해야 할 것 같습니다. 역사를 주관하는 하느님이라는 믿음이 기독교 신관의 기본적인 의미이니까요. 인간의 역사에 목적을 부여하고, 의미를 주고, 그 발전 과정에 개입하는 하느님이라는 뜻입니다. 역사는 곧 하느님의 뜻이 실현되는 과정이며 역사의 완성은 하느님의 뜻이 최종적으로 이루어지는 것을 뜻합니다. 기독교의 종말론이 가능한 것도 그러한 역사적 하느님에 대한 신앙 때문이지요.

그런 종교적 역사관 때문에 기독교는 적극적으로 역사에 참여할 수 있었던 것이겠지요? 역사를 지배하고자 하는 의지도 그런 데서 나오는 것이고.

서구의 역사를 기독교가 지배한 것이나 세계의 역사를 기독교가 지배해야 한다고 하는 선교 의지가 그런 신관과 역사관에서 나온다고 생각됩니다.

그런데, 인류의 역사나 더 나아가서 우주의 역사를 주관하는 어떤 존재가 있다고 가정하더라도 그런 존재의 뜻이 특정 종교나 특정 민족을 통하여 옳게 드러나고 있다는 것을 어떻게 알 수 있지요?

하느님의 뜻을 누가 옳게 대행하느냐라는 문제를 말씀하시는데, 기독교는 그러한 주장을 유대교의 선민 신앙에서 물려받았다고 할 수 있습니다.

유대교는 부족 종교로 시작한 민족 종교이므로 선민 신앙이 필요했다고 할 수 있지만 인류적인 종교로 시작된 기독교가 선민 신앙을 계승하게 된 것은 이해가 가지 않는군요.

기독교는 유대교의 뿌리에서 나온 것입니다. 기독교의 경전도 구약성서와 신약성서로 되어 있습니다. 이스라엘 민족의 종교를 통하여 여호와 하느님이 그의 뜻을 실현하신 역사가 구약의 내용이며, 그 역사를 계승하여 새롭게 시작된 역사의 이야기가 신약의 내용입니다. 기독교가 이처럼 유대교의 정통을 계승한 것임을 밝히기 위하여 신약성서에는 예수의 혈통에 관한 것이 자세하게 기록되어 있으며, 구약의 예언서에서 약속한 메시아가 곧 예수라는 것을 여러 가지 근거로 입증해 주고 있습니다.

기독교가 유대교의 바탕 위에서 살아남기 위해서는 불가피한 일이었겠지요. 새롭게 시작되는 종교는 기성 종교와의 관계에서 그 정통성을 찾지 않으면 안 되니까요. 그러나 기독교는 역사적 근원과 문화적 토양에 있어서 유대교의 뿌리에서 나왔지만 그것의 종교적 복음에 있어서는 유대교와 본질적으로 다르지 않은가요?

유대교의 민족 종교적 제한성을 벗어난 것이 우선 다른 점이라고 하겠습니다. 예수가 가르쳐 준 기도문에는 '여호와 하느님'이 아닌 '하늘에 계신 아버지 하느님'으로 부르고 있습니다. 또한 하느님의 뜻이 유대 민족이나 특정 민족을 통해 이루어지는 것이 아니라 땅 위에서 이루어지는 것을 기원하게 합니다. 온 세상에서, 모든 사람에게 적용되는 하느님의 은혜와 축복을 말하고 있습니다. 그뿐만 아니라 자비와 용서를 실천하면서 하느님의 자비와 용서를 구하게 하는 뜻은 유대교의 여호와 하느님과 인간의 관계에서 중요시되는 뜻과는 대조적입니다. 정의와 심판으로 지배하는 여호와 하느님과 자비와 용서를 베푸는 아버지 하느님은 같은 하느님이 아닙니다. 유대교가 선민 의식에 기초하고 있다면 기독교는 서민 의식에 기초하고 있습니다. 지배 계층의 종교라기보다는 온유한 사람들, 애통하는 사람들, 마음이 가난한 사람들, 핍박을 받는 사람들의 종교가 기독교입니다.

유대교의 입장에서 보면 예수의 복음은 혁명적인 것이었겠군요.

예수가 십자가에 못박히게 된 것도 로마 권력에 대한 저항보다는 유대교에 대한 개혁의 의지가 더 큰 죄로 인식되었기 때문이라고 생각됩니다. 정치 권력보다는 종교적 권위에 도전하는 것이 더 큰 반역이 된다는 뜻이지요.

그렇다면 기독교는 유대교와의 차이를 더 강조하는 편이 옳지 않을지요? 그렇게 함으로써 참된 의미의 인류적 종교로 성숙해 가는 것이 바람직하지 않을까요? 기독교가 지금도 '유일한 하느님' 과 '하느님의 유일한 아들' 을 주장하는 것은 유대교의 유산인 것 같은데, 그런 것은 끊어버려야 할 유대교의 '탯줄' 이 아닐까요?

기독교가 배타적인 종교로 보이게 된 것은 유대교의 '유물' 이 남아 있기 때문일 것입니다. '여호와 하느님' 과 '아버지 하느님' 이 다르게 인식된다면 유일한 하느님은 적어도 그 어느 한 쪽에서만 나타나는 하느님이라고 할 수는 없습니다. 그러나 그 하느님이 우리 인간의 역사와 문화를 통해서 나타날 때는 시대와 문화의 특성 또는 한계성에 따라서 여러 모습으로 나타날 수밖에 없을 것입니다. 역으로 말하자면 그런 여러 모습들이 서로 다르기는 하지만 하나의 '우주적 마음' 을 드러내고자 하는 점에 있어서는 서로 같은 면을 보일 수도 있다는 뜻입니다.

앞서 말한 바와 같이 마음과 몸과 언어의 상호 관계로 모든 사물을 볼 수 있다는 것이 그런 공통점이 아닐까요.

이 세상에 존재하는 것은 모두 정보 교환의 기능을 하는 구조물이라고 했습니다. 교환되는 정보의 전체 내용을 '우주의 마음'이라고 할 수 있으며, 정보 교환의 매체가 되는 것을 개체적 구조물, 즉 개별적인 '몸'이라고 할 수 있습니다. 그리고 정보 기능을 하는 개체적 기능을 '마음'이라고 할 수 있습니다. '영혼'도 이러한 개체적 정보 기능을 하는 것으로 이해할 수 있겠지요. 이와 같은 3원적 구조는 곧 기독교의 삼위일체 신관을 생각하게 합니다. '아버지 하느님'은 '우주의 마음'이며, '하느님의 아들'은 사람의 몸으로 태어난 예수이고, '성령의 하느님'은 마음이나 영혼에 영감이나 계시를 주는 기능이라고 할 수 있습니다.

불교에서는 '우주의 마음'이 '공'과 '법'이 되겠군요. '우주의 마음'이 몸을 입은 인간으로 태어나서 석가모니 붓다가 되었다고 해야겠고요. 그리고 '우주의 마음'을 이해하는 것이 '깨달음'이며, 깨달은 마음이 '불심'이지요.

참으로 놀라운 공통점이며 일치성입니다. "나는 길이요, 진리요, 생명이다"라고 한 예수의 말도 삼위일체와 관련시켜서 이해할 수 있을 것입니다. 이 경우 도가 사상의 기본 개념인 '도'와 '명(名)'과 '덕'으로 설명해 볼 수 있겠습니다. '길'은 그대로 '도'가 됩니다. 그것은 '우주의 마음'이지요. '진리'는 언어적으로 표현된 것이라고 할 때 '명'에 해당합니다. 계시나 깨달음으로 얻게 되는 것이지요. '생명'은 개체의 힘을 뜻하므로 '덕'의 개념으로 이해할 수 있습니다. 덕은 개인의 행위를 통하여 드러나는 것입니다. 생명의 힘은 그런 힘 중에서 특정한 한 차원에 속하는 것이지요.

기독교의 삼위일체 신관이 이처럼 보편적인 구조로 이해될 수 있다면 배타적인 종교가 되어야 할 이유가 없는 것 같은데요?

기독교의 배타성은 유대교의 선민 의식이 그대로 남아 있기 때문에 나타나는 것입니다. 예수는 이방인에 대하여 배타적이지 않았습니다. 성숙한 기독교가 되려면 먼저 이 선민적 배타성을 극복해야 할 것입니다.

기독교의 의타성도 문제가 되지 않는지요? 하느님의 대행자라는 의식이 오히려 독선적인 태도를 조장하는 것은 아닐까요?

'하느님의 뜻'을 말하기 전에 스스로의 선택과 행위에 대하여 철저하게 책임지는 사람이 되어야겠지요. 전체적인 역사로 말하자면 사람은 누구나 하느님의 대행자가 될 수밖에 없으나 역사 속에서의 구체적 상황에서는 행위자로서 행동하고 책임지는 개인이 되어야 할 것입니다. 대행자적 의타성을 극복할 수 있어야만 성숙한 기독교인이 될 수 있을 것입니다.

모든 종교가 진리를 말하면서, 진리가 우리를 자유롭게 해주리라고 가르치지만, 또 한편으로는 모든 종교가 진리를 두려워하는 것도 사실이 아닐까요?

종교가 가지고 있는 교리와 신조가 인간의 언어로 표현되어 있기 때문일 것입니다. 우리 인간은 '입체족'의 의식 구조와 언어 질서를 쉽게 버릴 수 없습니다. 종교적 진리도 그런 의식 구조와 언어 질서로 표현될 수밖에 없습니다. 그러나 진리는 언제나 다른 차원의 의식 구조와 언어 질서로 표현될 수 있으며, 진리의 탐구는 그런 뜻에서 개방적이기를 요청합니다. 종교적 이유든, 과학적 이유든,

혹은 철학적 이유든 진리를 두려워하는 것은 '종족적' 폐쇄성을 드러내는 것입니다. 기독교가 성숙하려면 '종족적' 폐쇄성을 극복할 수 있어야 합니다.

그렇게 성숙된 기독교라면 우리 동양의 종교를 수용하면서 서로에게 도움을 주는 관계를 맺을 수 있겠군요. 지금은 그런 종교적 성숙을 기대해 볼 수 있는 때가 아닐까요?

큰스님과 이런 대화를 나누고 보니 그런 가능성에 대하여 더 희망적으로 되는 것 같습니다.

대화가 여기서 끝나자 큰스님께 인사를 하고 일어서다가 생각이 나서 여쭈어 보았다.

제가 어떻게 이곳에 초청을 받게 되었습니까?

오늘과 같은 대화를 나눌 수 있는 분이기 때문이죠.

어떻게 그것을 알게 되었느냐고 물어보고 싶었으나, 큰스님에게는 그런 따위의 질문을 하지 않아야 한다는 생각이 들어서 물어보지 않았다. 또한 큰스님이 뭐라고 대답한다고 해도 내가 그것을 이해할 수 없으리라는 생각도 들었다.

감사의 인사를 하고 돌아서는데 어디로 어떻게 돌아가야 하는지를 물어봐야 한다는 생각이 들어 다시 돌아섰다. 스님도 없고 절도 사라져 버렸다. 덜커덩거리는 기차 소리가 다시 들렸다. 신강성으로 가는 기차 안이었다. 차창 밖으로는 단조로운 풍경이 느릿느릿 지나가고 있었다.

큰스님

종로경찰서에 큰스님이 찾아오셨다.

얼마전 조계종 종단 내의 분규 때문에 스님들이 폭력으로 난장판을 만들었던 그때의 비디오테이프를 구하러 왔다는 것이다. 방송국에 갔더니 종로경찰서에서 그 비디오테이프를 다 가져갔으며, 경찰서의 허가가 없이는 빌려 줄 수 없다고 했다는 것이다.

큰스님의 의도를 의심한 경찰서장이 캐물었다.

폭력 사태의 진압 과정에서 경찰이 폭력을 사용했다는 사실을 항의하기 위한 것이 아니냐고.

아니면, 조계종 종단 내부의 문제가 폭력 사태에까지 이르고, 특히 스님들이 폭력 싸움을 한 사실을 너무 자세하게 보도한 언론을 비난하고 비판하기 위한 것이 아니냐고.

큰스님의 의도는 엉뚱했다.

자기 제자들이 그 패싸움에 많이 가담했기 때문에 그들을 혼내주기 위한 것이라는 대답이었다.

경찰서에서 그 비디오를 한 번 보고 가시면 되지 않겠느냐고 했으나, 이미 TV 방영을 통해 다 보았다고 하면서 비디오테이프를 꼭 산사로 가져가야겠다고 했다. 제자들에게 직접 보여주면서 혼을 내주겠다는 뜻을 굽히지 않는 큰스님이었다.

비디오 복사본을 얻어 들고 큰스님은 산사로 돌아왔다.

제자들은 큰스님의 뜻을 이해할 수가 없었다. 그 일이 TV를 통해서 직접 방영되었을 때, 큰스님과 함께 TV의 싸움 장면을 보고 있던 제자들의 이야기는 더욱 놀라운 것이었다. 스님들이 싸우는 장면을 보시던 큰스님은 무슨 운동 경기를 보면서 응원을 하는 사람처럼 반응을 하셨다는 것이다. 자신의 제자들이 싸움을 잘하는 장면이 나오면 손뼉을 치시며 소리를 지르셨다고 했다. 자기 제자들이 싸움에서 당하는 모습을 보면 직접 지휘라도 하는 것처럼 이렇게 피하라는 둥, 저렇게 치라는 둥 하시면서 몸짓까지 하셨다는 것이다.

제자들을 모아놓고 비디오를 보여주는 큰스님은 야구단이나 축구단의 코치가 경기의 장면을 보면서 평가하듯 치밀하게 분석을 해갔다. 몸싸움에서 왜 밀리기 시작했던가? 폭력을 쓰면서도 왜 결정적인 타격을 가하지 못했던가? 어떤 훈련이 부족했기 때문일까? 왜 집단적으로 공격하지 못했던가? 왜 집단적으로 방어하지 못했던가? 어떤 훈련이 더 필요한가?

제자들은 여전히 큰스님의 뜻을 이해할 수 없었다. 싸움을 더 잘하도록 작전 지시를 하시는 큰스님의 뜻이 무엇인지를 알 수가 없었다.

비디오를 다 본 후에 큰스님은 수도승들의 폭력 싸움에 대한 해석을 말씀하셨다.

몸으로 싸워야 하는 공간, 폭력으로 대결해야 하는 공간과 수행을 하는 공간을 혼동해서는 안 된다.

살아가기 위해서는 다른 생명을 죽여야 하고, 죽은 생명체를 먹어서 자기 몸의 에너지로 이용해야 하지 않는가? 그러면서도, 동물은 먹으면 안 되고 식물은 먹어도 좋다는 구별은 왜 하는가? 식물도 고통을 표현할 수 있고, 동물처럼 살해당하지 않고자 도망을 갈 수 있다면 식물을 죽여서 먹는 우리의 느낌이 다르게 될 것이다. 동물을 죽이는 것은 살생이고 식물을 죽이는 것은 살생이 아닌 것처럼 생각하는 것도 인간의 느낌으로 구별하는 것일 뿐이다. 구별해야 할 것은 그런 느낌의 차이가 아니라 생존을 위해서 죽이고 죽임을 당해야 하면서도 전체 생명 세계는 그런 생명의 종들이 공존하게 한다는 것, 말하자면 생존 경쟁을 해야 하는 차원과 전체적으로 공존의 생명 세계가 유지되게 하는 차원을 구별할 수 있어야 한다는 것이다.

인간 사회는 다른 동물의 사회보다 더 잔인한 생존 경쟁을 하게 하는 공간이다. 인간 상호간의 생존 경쟁이 잔인할 뿐 아니라, 다른 동물들에 대한 생존 경쟁도 잔인하다. 동물의 종을 멸종시키는 종은 인간뿐일 것이다. 자연적인 조건에 의해서 멸종되는 동물의 종이나 식물의 종은 있지만, 특수한 종 때문에 다른 종이 멸종되는 경우는 인간이라는 종에만 국한되어 있는 것 같다. 인간에게는 전체 생명 세계의 공존 질서를 파괴할 수 있는 힘이 있다. 그 힘은 인간 스스로를 멸종시킬 수도 있다. 그런 힘을 부여받게 된 인간에게 그 힘을 책임감 있게 쓸 수 있는 판단 능력이 주어지지 않았다면 이것은 자연의 질서에 어긋나는 사건이 아닐 수 없다. 자연 질서를 역행할 수 있는 악의 힘이 주어졌다면 그 악의 힘을 억제할 수 있는 선의 힘도 주어졌어야 한다는 것이다.

선의 힘이 악의 힘을 이길 수 있을 때 전체적인 질서가 유지되는 것이다. 우리가 믿고자 하는 것은 그러한 전체적 질서가 유지되고 있다는 사실이다. 악의 힘이 지배하는 것 같으면서도 결국은 선의 힘이 승리함으로써 전체적인 질서가 회복되고 유지되어 간다는 것이다. 그러나 이러한 믿음은 전체적 질서의 차원에 대한 것이지 생존 경쟁이 일어나는 생명체들의 행동 차원에 대한 것이 아니다. 그 차원에서는 어떤 생명체든 자기가 희생되는 것이 전체적 질서를 위해서는 필요한 일이라고 생각할 수 없다. 누구든 자기가 살고 남이 죽어야 한다는 생각으로 싸우지 않을 수 없는 것이다. 생존 경쟁이 싫어서 자살하는 사람은 생존 경쟁을 초월한 사람이 아니라 생존 경쟁에 패배한 사람일 뿐이다. 생존 경쟁의 차원에서는 생존 경쟁을 하는 것이 생명에 대한 책임을 지는 것이며, 그러한 개체들의 행위를 통하여 전체 생명 세계의 질서가 유지되고 있는 것이다.

총칼로 우리를 죽이러 오는 적을 대항하지 않고 그냥 내버려둔다는 것은 생명을 스스로 지켜야 하는 의무와 책임을 포기하는 행위이다. 생존 경쟁에서의 패배를 자인하는 것이다. 총은 총으로, 칼은 칼로 맞대어 싸워야 한다.

우리를 대신하여 다른 사람들이 싸워 주기를 바라는 것은 악역을 남에게 떠맡기는 잘못된 짓이다. 우리는 수도자들이므로 폭력을 쓰지 않을 테니 우리 대신 싸워 주기를 바란다는 것은 비겁하고 위선적이다. 똥싸는 게 더러우니 우리 대신 똥을 싸주기를 바라는 것이나 다름없다.

종단의 분규가 폭력 사태에까지 이른 것은 생존 경쟁의 차원에서 일어난 불가피한 일이었다. 폭력적 대결이 불가피한 상황이 되었을 때는 폭력으로 대결할 수밖에 없는 것이다. 저쪽이 폭력으로 나오는데 우리 쪽이 깨끗하게 앉아서 당할 수만은 없는 것이다. 지진이 나고, 폭풍이 일고, 폭설이 내릴 때 그것에 대처해서 살아남고자 하는 짓이나 다를 바 없다. 싸움이 불가피할 때는 싸워서 이겨야 한다.

물론, 지진이 왜 나는지를 알고자 해야 한다. 폭풍이나 폭설의 원인을 밝히고자 해야 한다. 마찬가지로 조계종 종단의 분규가 왜 일어나는지를 알고자 해야 한다. 폭력적인 대결이 과연 불가피한 것이었는지를 알아내어야 한다. 그러나 이런 것은 당장의 싸움판이 끝난 후에 따져 볼 일이다. 폭력 사태가 일어났을 때는 싸워서 이겨야 하는 것이 우선이며, 싸움을 하되 잘 싸웠느냐, 잘못 싸웠느냐가 문제될 뿐이다.

큰스님은 비디오를 다시 틀어서 한 장면, 한 장면을 지적해 나가셨다. 그 싸움판에서 제자들 개개인이 어떻게 싸웠는지를 평가해 보시겠다는 것이다.

여기 이 장면을 봐! 자네는 돌아서 있는 사람을 뒤에서 치고 있잖아! 이건 안 되지. 그렇지?

이건 또 뭔가? 이미 땅바닥에 쓰러진 사람을 발길로 차다니! 제정신이 아니었구먼!

이 사람을 봐! 이 사람은 싸우러 온 사람이 아니야! 싸움을 말리러 온 사람인데 저렇게 치다니! 정말 제정신들이 아니었구먼!

정신을 잃고 싸운다면 시장 바닥에서 패싸움을 하는 깡패들과 다를 바가 무엇인가?

싸울 때에도 제정신을 잃지 않았어야지! 어차피 난장판이었으니까 도복을 입은 사람들이라고 다를 바야 없었겠지. 그럴 수 있었을 거야. 하지만 다를 수 있었어야 하는 거야! 도복을 입은 사람들이므로 싸움판에서도 정신을 잃은 행동은 삼가했어야 하는 거야!

이제 중요한 것은 화해를 구하는 길을 찾는 거야. 불교적인 화해의 길을 멋있게 보여주어야 하거든.

화해를 위해서는 먼저 그런 폭력 대결이 과연 불가피했던가를 반성해 봐야 할 것이네.

마음으로 원수가 되어서 그처럼 폭력 싸움까지 한 것은 아니지 않은가! 가령, 자기의 몸이 반대편 승려 집단에 있었더라면 그 편에서서 싸웠을 것이 아닌가. 그러니까 이번의 폭력은 마음의 싸움이 아니었어. 그 싸움의 원인은 밖으로부터 온 것이었어. 어떤 외부적인 영향 때문에 중들이 집단 패싸움을 한 거야.

마음이 없는 싸움을 한다는 것이 다 그런 것이지만, 마음이 주인이 되면 싸우지 않아도 될 일을 마음이 주인 노릇을 못함으로써 밖으로부터의 원인이 싸움을 하게 하는 것이거든.

밖으로부터의 원인 때문에 싸움을 하다가 그 싸움의 영향 때문에 마음으로까지 상대방을 미워하게 되면 그 때는 싸움에 이기든 지든 모두 다 패배자가 되어 버리는 거야.

본래 마음의 싸움이 아니었음을 반성할 수 있다면 화해는 아무런 문제도 되지 않을 것일세. 마음에 없는 싸움을 하게 되었으니 화해하는 마음이 동한다면 몸으로 무슨 일인들 못하겠는가.

큰스님은 제자들에게 다함께 무림사로 찾아가서 화해를 하고 돌아오라는 명을 내리셨다.

계림사의 스님들이 집단으로 어디론가 이동을 한다는 정보가 산 아래 파출소로부터 서울로 전해졌다. 사람을 몰래 따라 보내면서 스님들이 어디로 가고 있는지를 보고하게 했다.

스님들 200여 명이 무림사 쪽으로 가고 있다는 것과 스님들은 모두 몽둥이를 하나씩 들고 있다는 보고가 당국을 긴장하게 했다.

당국으로부터 그 정보를 전해들은 무림사에서는 전쟁 준비를 하듯 부산해지기 시작했다. 계림사에서 습격을 온다! 무림사를 공격해 온다! 도무지 이해가 가지 않는 일이었다.

무림사로 진입하는 길의 마지막 산모퉁이를 돌기 전에 스님들은 가져간 몽둥이들을 모두 산 속에 숨겨 두었다. 큰스님이 시키신 대로였다.

무림사 문 앞에 다가선 스님들은 화해를 위해 찾아왔다는 말을 전했다. 몽둥이를 들었다는 정보와는 다르게 스님들은 모두 빈 손이었다. 무림사 안에서는 격론이 일어났다. 화해파와 결전파가 나뉘어졌다. 믿어 보자는 화해파의 설득에도 결전파는 요지부동이었다.

드디어 결전파의 행동대원들이 몽둥이들을 들고 밖으로 뛰어 나갔다.

계림사 스님들은 일제히 도망치기 시작했다. 뒤에 처진 스님들은 몽둥이를 맞아가면서 도망을 쳤다. 앞서 도망가던 스님들이 산모퉁이를 돌아섰다.

갑자기 몽둥이를 든 계림사 스님들이 나타나 산모퉁이를 돌아서는 무림사 스님들을 포위했다. 무림사 스님들이 포로가 되었다.

왜 화해를 받아들이지 않았느냐를 논쟁하기 시작했다. 무림사 스님들은 사실상 명령대로 했을 뿐이라고 답했다. 소수의 무림사 스님들이 계림사 스님들의 뜻을 이해하기 시작했다. 마침내 계림사 측에 합세하기로 한 무림사 스님들은 화해를 위해 함께 무림사 쪽으로 행진을 시작했다.

대세가 화해 쪽으로 기울어지자 결전파의 지도급 스님들은 산 위로 도망을 쳤다.

서울의 총무원에서 전화가 왔다. 결전파의 지도 스님을 찾는 전화였으나 화해파 스님이 받았다. 전화의 내용은 참으로 놀라운 것이었다.

무조건 결전을 하면서 무림사를 지켜야 한다는 지시였다. 화해를 하면 정부에서 불교 종단에 지원해 온 일체의 보조와 지원을 중단하겠다고 하므로 폭력 대결은 계속 되어야 한다는 내용이었다.

나중에 확인된 일이지만 그것은 조계종 총무원으로부터 온 전화가 아니었다. 폭력 대결의 원인은 밖에 있다고 하신 큰스님의 말씀이 이해될 듯했다.

화해의 분위기가 무르익을 때쯤 큰스님이 무림사에 나타나셨다.

불교계가 끝없는 분쟁을 계속하고 있으며, 스님들이 집단적인 폭력 싸움을 일삼고 있다는 것을 TV 화면을 통해 온 세상에 알리고자 하는 것이 도대체 누구의 뜻일까? 누가 그런 것을 원했을까?

지난번 조계사에서의 소동만 하더라도 그처럼 자세하게, 그처럼 오랜 시간을 할애하여 보도하게 한 뜻은 무엇일까? 어떻게 TV 보도진이 미리 알고 있었던 것처럼 모든 장비를 동원하여 기다리고 있었을까? 종로경찰서의 경찰들은 왜 처음부터 방관하는 자세였을까?

모든 일이 TV 방영을 위한 계획된 프로그램에 따라 진행되는 것 같았다. 스님들의 패싸움도 프로그램을 따라서 그대로 연출되었던 것 같았다. 누군가가 불교계의 그런 모습을 온 세상에 보이고자 했었을 것이다. TV 방송국과 경찰에까지 영향력을 행사할 수 있는 막강한 권력자가 그런 불교의 모습을 온 천하에 노출시키고자 했기 때문이었을 것이다.

큰스님은 이번 사건의 배후를 훤히 보고 계시는 듯이 설명을 해 주셨다. 그리고는 그것이 어떤 의미로 이해가 되어야 할 것인지를 말씀해 주셨다.

우리 불교계가 아직도 마음에 없는 폭력 싸움을 할 수 있다는 것이 이번 사건으로 입증되었습니다. 바깥으로부터의 원인이 스님들의 패싸움을 유발할 수 있다는 불교계의 현상태와 현수준이 온 세상에 드러난 것입니다. 그것은 이제 역사가 되어 버렸습니다.

역사에 기록된 사건은 이미 지나간 일입니다. 다시 반복되지 않아도 될 일입니다. 하지만 마음이 변하지 않고 그대로 남아 있으면 똑같은 일이 똑같은 원인으로 반복될 수 있습니다.

마음에 없는 패싸움은 다시 하지 않을 수 있도록 우리 모두의 마음이 성숙할 수 있는 계기를 맞게 되었습니다. 성숙을 위한 역사적 계기가 되었으며 역사적 성장의 기회를 얻은 것입니다. 우리 불교계의 추한 모습을 온 천하에 노출시킴으로써 어떤 집단적 이익을 노렸던 그 어떤 힘이 오히려 우리 불교계의 역사적 성장을 도와주게 된 것입니다. 사람의 의도란 그런 것입니다. 역사 속에서의 사람의 의도는 의도하지 않은 좋은 일을 하는 수가 있습니다.

마음이 바뀌어야 역사가 바뀔 수 있으므로 사람의 마음대로 역사가 결정되는 것 같지만 실은 역사의 마음이 따로 있습니다. 역사의 마음이 따로 있는 것처럼 역사는 스스로 변해 가고 있습니다. 사람의 마음은 그러한 역사의 마음을 따라서 변할 수도 있으며, 그런 역사의 마음을 거역하며 변화를 잠시 멈추게 할 수도 있습니다.

큰스님의 말씀을 듣고 있는 스님들은 큰스님의 큰 마음을 볼 수 있었습니다. 큰 마음은 역사의 마음이었습니다.

지는 해의 아름다움

파르테논 신전의 위용

아! 파르테논! 1957년 가을 학기 미국 일리노이대학교에서 서양 건축사 강의를 들으면서 파르테논 신전의 건축사적 가치를 알게 되었다. 그때는 건축학 전공 대학 3학년이었으니까. 그런데 그 이후 한 번도 내 기억에서 사라진 적이 없는 파르테논 신전을 2003년 여름에 가서 직접 보게 되었으니 그 감격을 어떻게 표현할 수 있으랴!

장엄하고 위압적이면서 친근하다. 너무 오래 익숙해 있었기 때문일까. 온갖 자연적 재난과 인위적 재난에 버티어 온 그 늠름한 모습에 숙연해질 뿐이다. 파손된 부분들이 오히려 역사의 풍상을 증언하므로 더욱 멋있게 보인다. 그리스 문명의 흔적이며, 아테네 문화의 전성기를 보여준다. 서산으로 지는 해의 아름다움을 보고 있는 것 같다. 그 해가 중천에 떠 있을 때는 얼마나 강렬했던가를 짐작하게 한다.

파르테논 신전을 떠받치고 있는 아크로폴리스 언덕 자체가 멋있는 자연의 작품이다. 아테네 시를 사방으로 내려다볼 수 있게 하는 자연 그대로의 성이다. 여신 아테네의 이름을 딴 도시이므로 그

여신을 모시는 파르테논 신전이 세워질 수밖에 없는 곳이다. 그리스 신화에 나오는 여러 신들을 위한 신전들이 여기저기 세워지면서 결국 그들 중 최고의 걸작이 나올 수밖에 없었을 것이다. 파르테논 신전은 그 당시의 최고 기술, 최고의 과학 · 철학 · 예술이 어우러져 빚어낸 종교적 상징물이다.

우리 인간이 이해하고 참여하는 정신 세계의 이야기가 종교화됨으로써 신화가 되고 그런 신화의 신들을 위한 신전을 만들어 봄으로써 정신의 세계를 물리의 세계로 표현하고자 한 인간의 의지와 지향성이 파르테논 신전과 같은 문화 유산을 남겨 놓은 것이다.

문화는 신화인가? 문화의 역사는 신들의 전쟁사인가? 승리한 신들에게 바치는 신전이 문화적 표현을 가능하게 한 것인가? 그러나 신들의 전쟁 때문에 얼마나 많은 사람들이 희생당했을까? 찬란한 문화 유적을 남긴 역사가 개개인의 인간사라는 차원에서 볼 때는 희생과 고통의 역사가 아니었던가? 신들의 역사인 문화사와 개개인들의 인간사는 서로 다른 차원에서 진행되면서 서로를 필요로 한다.

오늘의 우리 인간사는 어떤 문화 창조를 필요로 하는가? 문화가 신화라면 오늘의 우리 역사에는 어떤 신화가 필요한가?

아폴로 신의 탄생지

아폴로 신은 고대 그리스를 대표하는 신이다. 합리적이고 지성적인 아테네 문화를 대표하는 신이다. 서구 문화의 합리주의와 지성주의를 가능하게 한 신이다. 빛의 신이고, 음악의 신이며, 예언의 신이라고 한 아폴로 신은 이성의 빛, 음악의 이성, 그리고 예언의 이성을 뜻하므로 이성의 신이 될 수 있었다.

서양의 문화사가 합리성이 지배해 온 문화라는 사실을 못마땅하게 여긴 니체는 아폴로 신의 지배에 대하여 디오니소스 신의 대등한 위치를 주장하게 되었다. 디오니소스는 술의 신이다. 감정과 의지의 중요성을 이성의 중요성과 대비시키고자 한 것이다.

아폴로와 디오니소스의 관계를 음악의 신과 술의 신으로 비교하면 오히려 비슷하게 생각될 수도 있다. 하지만 음악의 논리성과 단순성 그리고 조화성에서 오는 아름다움을 생각하면 합리성을 중요시하지 않을 수 없다. 음악적 아름다움은 감정적인 것만이 아니라 합리적인 것을 바탕으로 하여 표현되고 체험되는 아름다움이다.

인공 지능의 대부인 민스키는 "음악이 생각을 죽인다"고 했다. 생각의 논리를 죽일 수 있을 만큼 음악 자체가 논리적이라는 것을 말한다. 그러한 음악의 논리는 감정을 죽일 수도 있다. 격정을 가라앉게 할 수 있다. 차분한 감정에 잠들게 할 수 있다. 니체가 아폴로 신의 지배에 대하여 디오니소스 신으로 균형을 잡고자 한 것은 이와 같은 음악의 힘을 의식한 때문이었다. 모든 것이 조화롭고 합리적이고 평온하게 되는 역사만으로는 니체가 보는 진화가 일어날 수 없기 때문이었다. 권력 의지가 지배하는 역사, 초인의 출현을 가능하게 하는 진화의 역사를 말하고자 한 니체였다. 그러나 철학자 니체 자신은 아폴로 신을 닮은 사람이었다. 아폴로 신이 지배해 온 서구의 문화사가 만들어 낸 전형적인 철학자였다. 그러한 문화 유산을 벗어나고자 발버둥친 철학자였지만 결코 벗어날 수 없었던 철학자였다. 아폴로 신의 영향력은 그만큼 강력했던 것이다.

이러한 아폴로 신의 탄생지인 델로스 섬은 어떠한 곳일까? 화려하고 웅장한 자연 경관을 가진 섬일까? 섬 전체가 자연의 걸작품이라고 할 그런 천혜의 섬일까?

카타콜론이라는 항구에 정박한 유람선에서 내려 작은 배에 옮겨 타고 찾아간 델로스 섬은 기대했던 것과는 전혀 다른 불모지 섬이었다. 아주 낮은 언덕 하나가 있었으며 나무도 숲도 보이지 않았다. 아무 특징도 없고 경관도 없는 어느 무인도일 뿐이었다. 아폴로 신이 왜 그런 곳에서 태어났다고 했는지 이해할 수가 없었다. 제우스 신의 '서자'로 태어나게 된 아폴로였으므로 살해될 것을 염려하여 그의 어머니 신이 이 섬 저 섬으로 도망다니다가 아무 쓸모도 없는 델로스에 와서 아폴로를 낳게 되었다는 신화의 이야기이다.

그러나 그곳이 아폴로 신의 탄생지였기 때문에 한때는 해상 무역의 중심지가 되어 번창했었다고 한다. 아폴로의 신전도 있었고 주택가도 있었지만 지금은 모두 없어진 폐허로 남아 있다. 박물관에 보존된 유물에서 그 흔적을 볼 수 있을 뿐이다.

델로스 섬에는 물도 없고 농지도 없으므로 그 당시에도 모든 것을 다른 곳에서 가져와 공급했다고 한다. 지금도 관광객을 위한 시설과 관리 시설이 있을 뿐 주택이 없다. 오후 3시가 되면 모든 사람들이 델로스 섬을 떠나게 되어 있다. 델로스는 무인도로 밤을 지내게 된다는 것이다.

아폴로의 탄생지가 왜 무인도이어야 할까? 왜 불모지이어야 할까? 왜 그처럼 초라하고 소박한 섬이어야 할까? 이성의 신인 아폴로는 물질계에서 최소한의 소유만을 필요로 한다는 뜻일까? 물질적 소모를 최소화하는 효율성이 이성의 기능이라는 뜻일까? 합리성을 중요시하는 철학자와 음악가는 합리적 아름다움을 추구하기 때문에 가난해야 한다는 것을 의미하는 것일까? 합리성의 추구는 우리를 단조롭게 할 수 있다는 것을 델로스 섬의 인상으로 보여주고자 한 것일까? 예언의 신 아폴로는 자신이 지배하는 문화의 역사가 결국에는 단조로운 불모지처럼 될 수 있다는 것을 델로스 섬의 모습에서 보여주는 신화일까? 니체가 본 것도 이와 같은 아폴로적 문화의 문제였을까?

아름다운 산토리니 섬의 비밀

산토리니 사람들은 참으로 이상하다. 그 섬에서 가장 높은 곳에, 그것도 바다로 떨어지는 절벽 위에 집을 짓고 마을을 만들었다. 석회암으로 된 땅이므로 처음에는 동굴 집을 짓고 살았다고 한다. 지금도 동굴 집들이 그대로 남아 있는데 작고 예쁜 집들이 마을을 만들고 있기 때문에 절벽 쪽으로 내려가야만 동굴 집들을 볼 수 있다. 바다 쪽에서 볼 때도 높은 절벽 위에 하얀 색의 집들로 된 마을은 마치 눈이 쌓인 산봉우리와 같다.

절벽 위의 땅이 좁기 때문에 마을이 클 수가 없다. 자동차 길도 아주 좁고, 절벽 쪽의 골목길들은 두 사람이 겨우 비켜 갈 정도이다. 우리를 안내하던 아주머니는 그곳 산토리니 사람이 될 수 없는 비

대한 사람이었다. 다른 곳의 안내원들은 버스에서 함께 내려 걸어 다니면서 설명을 해주었는데 산토리니 안내원은 버스 안에서 대충 설명을 한 후 각자 알아서 찾아다니라고 했다. 좁은 골목길을 보고서야 그 이유를 알 수 있었다. 안내원 아주머니의 그 뚱뚱한 몸으로는 골목길을 비켜 다닐 수가 없었던 것이다. 가장 높은 곳에 가장 아름답게 꾸며 놓은 산토리니의 그 마을 사람들은 비대할 수가 없었다. 집들도 크고 화려할 수가 없었다. 작고 소박한 집들이지만 깨끗하고 아름답게 장식된 집들이었다. 게다가 작은 교회당들이 모퉁이마다 있는 것 같았다. 그 작은 마을에 40여 개의 그리스 정교 교회당이 있다고 했다. 바다를 볼 수 있고, 멀리 바다에서 보이는 벼랑 쪽에 교회당들이 서 있기 때문에 사진을 찍기 위해서는 절벽 아래쪽으로 골목길을 조금씩 내려가야 한다. 남의 집 마당에 들어가야만 제대로 볼 수 있는 아름다운 교회당들도 있다.

산토리니의 아름다운 모습들을 쉽게 볼 수 없다는 이 사실이 그곳을 찾는 사람들에게는 더욱 매력적일 것이다. 보물찾기를 하는 것처럼 이 골목 저 골목을 들어가 보아야 하기 때문이다.

그리스 정교의 교회당들은 다른 곳에서 볼 수 있는 웅장한 신전들과는 아주 대조적인 교회당들이다. 다른 마을에서도 그 규모가 작은 것을 볼 수 있었다. 하지만 산토리니의 경우는 자연적인 조건이 작은 교회당을 짓게 하기 때문에 특이한 공간을 만들어 내게 되는 것 같다.

지금은 유명한 관광지가 되어 버렸으므로 몇몇 건축가들이 계속해서 마을 전체의 조형적 아름다움을 위해 구상하고 개축한다는 것이다. 물론 그곳 주민들에게는 종교적 신앙을 위한 교회당으로 존재하는 건축물들이겠지만, 그곳을 찾는 관광객의 입장에서 보면 종교적 상징물인 교회당이 자연의 경관에 더해지는 아름다움을 창조하기 위해 건축된 조형물로 보인다. 그들에게는 고대 그리스 사람들처럼 신화의 신들을 위한 신전이 필요한 것이 아니다. 자연에 순응하면서 자연이 준 공간적 조건에 맞게 가장 높은 곳에 가장 아름다운 마을을 만드는 것으로 충분했을 것이다.

그런데 가장 높은 곳에 가장 아름답게 만들어진 산토리니의 그 마을을 생각하면 단순히 아름다움을 느끼는 것으로 그치지 않는 어떤 불안감 같은 것이 함께 느껴진다. 어떤 불안감일까? 벼랑에 서 있다는 불안감 같은 것일까?

산토리니 섬은 본래 바다 속에 있는 땅이 솟아 올라와서 생긴 것이라고 한다. 아틀란티스라는 고대 도시가 바다 속으로 침몰하면서 산토리니와 주변 섬들이 솟아올라 왔으리라고도 한다. 그렇다면, 언젠가는 다시 바다 속으로 들어갈 가능성도 있는 것이 아닐까? 그러한 자연의 '변덕'이 언제 일어날지 알 수가 없다. 그렇더라도 산토리니 섬 전체가 바다 속으로 침몰하지 않고 일부분이 물 위로 솟아 남아 있을 수가 있지 않을까? 그러니까 산토리니 섬의 가장 높은 부분은 바다 속으로 잠겨 버리지 않을 수도 있다는 것이다. 가장 높은 곳에 가장 아름답게 지어진 그 마을은 살아남을 수 있을지도 모른다는 것이다.

어쨌든 자연의 변화에 대하여 그냥 순응하면서 살아야 하는 우리 인간에게는 모든 것이 한시적일 수밖에 없다. 인간 존재와 인간 세계의 근원적인 불안이라고 할 수 있다. 산토리니의 아름다운 모습에는 그런 불안감이 숨어 있는 듯하다.

산토리니는 또한 석양의 아름다움을 관조할 수 있는 곳으로도 유명하다. 높은 곳에서 멀리 수평선을 바라볼 수 있기 때문일 것이다. 이처럼 지는 해의 아름다움을 더 진하게 더 강하게 느낄 수 있는 섬이라는 데도 모든 인간적인 것의 한시성과 인간 존재 자체의 불안감을 함축하는 뜻이 있는 것 같다.

아틀란티스와 산토리니의 관계를 들으면서 떠오르는 것은 일본 열도와 우리의 독도에 관한 이상한 생각이었다. 일본 사람들이 독도를 자기네 것이라고 주장하는 이유에도 무의식적인 불안감이 있을 수 있다는 생각을 해본 것이다. 일본 열도가 바다 속으로 침몰해 버리면서 독도 부근의 땅이 솟아오를지도 모른다는 생각이다. 그렇게 된다면 일본 사람들은 독도 부근에 솟아올라온 땅을 차지하려고 침략전이라도 감행할 것이기 때문이다. 산토리니를 찾는 일본 관광객들도 이런 생각을 하게 되는지 궁금하다. 무의식적으로나마 일본인들도 산토리니 사람들과 같은 불안감을 갖고 있는지 모른다.

바다 위에 떠있는 베니스의 운명

바다에서 높이 치솟은 절벽 위에 만들어진 산토리니 마을도 아름답지만 바다 위에 떠 있는 도시 베니스도 아름답다. 연못의 연잎들처럼 조각조각의 땅이 바다에 떠 있었으므로 아무 쓸모 없는 곳이었는데 그 작은 땅 조각들에 집을 짓고 도로 대신 수로를 교통 수단으로 이용하겠다는 발상은 기발한 것이었다. 동네와 동네를 연결하는 구름다리가 놓여지고 그 아래로 곤돌라가 다니는 베니스의 시가지는 이 세상이 아닌 다른 어떤 세상에 온 것 같은 느낌을 준다.

우리가 땅을 밟고 걸어다니듯 바다의 골목길 같은 수로를 지나다니게 된 베니스 사람들은 자연히 물에 익숙해졌고 바다의 싸움에 능하게 되었다. 바다를 통하여 지중해 남쪽으로부터 침략해 온 적들은 베니스를 함락할 수가 없었다. 베니스는 해양 제국이 되어 부근 지중해 왕국들을 거느리게 되었던 것이다. 오늘의 베니스는 그때의 찬란한 문화 유적을 자랑하고 있다.

베니스의 문화와 역사를 설명하면서 열심히 우리를 안내한 사람은 그곳 출신의 젊은 남성이었다. 6척이 훨씬 넘는 큰 키에 가느다란 몸매는 그곳의 명물 곤돌라처럼 멋있다. 박물관을 돌아보며 자세한 설명을 하고 있는데 관광객 중의 한 젊은 여성이 시비를 걸었다. 키가 유난히 작고 예민하게 생긴 유럽 사람이었다. 로마 제국의 멸망과 함께 베니스가 함락된 것은 북쪽에서 침략해 온 바바리아인들 때문이었다는 설명을 문제시한 것이다. 왜 '바바리안'이라는 표현을 쓰느냐는 항의였다. 관광객 중에 그런 표현을 못마땅하게 여길 사람들이 있다는 것을 고려해야 하는 것이 아니냐고 대들었다. 어처구니없는 지적에 그 멋쟁이 안내원은 당황해 했다. 자신은 역사적 사실을 말했을 뿐이라고 대답했다. 그 여성은 역사를 잘못 알고 있다면서, 북쪽에서 침략해 온 사람들은 '바바리안'들이 아니었다고 거듭 강조했다. 게다가 자기는 역사학 전공생이며, 석사학위를 마친 사람이므로 자신의 주장을 지지할 만한 자료를 충분히 가지고 있다고 내세웠다. 드디어 화가 난 안내자가 맞대꾸를 했다. 자기가 설명하는 내용도 역사책들에 근거한 것이며, 지금은 자기가 안내를 맡고 있고, 자기가 주인이므로 자기 뜻대로 할 수밖에 없으니 그냥 듣고 따라오든지 그만두든지 하라고 소리쳤다. 끝까지 물러설 기세가 보이지 않던 젊은 아가씨는 집으로 돌아가면 이 사실을 글로 써서 세상에 알리겠다고 대들었다.

이런 뜻밖의 불상사를 지켜보고 있던 나이 든 관광객들이 두 사람의 논쟁을 그만두도록 야단쳤다. 그러면서 안내자의 편을 들어주었다. 여기서는 안내자 마음대로 설명하는 것이 옳다고 인정해 주었다. 로마제국이 '바바리안' 들에 의해 멸망하게 되었다는 역사 설명에는 문제가 없다. 그런 설명을 듣는 사람이 '바바리안' 을 '바바리아' 지역의 사람으로 이해하기보다는 '야만인' 으로 알아듣게 될 때 문제가 생긴다. 아마 그 아가씨와 일행은 '바바리아' 지역에서 온 사람들이었던 것 같다. 물론 안내하는 베니스 청년의 표현에서 '바바리안' 은 침략자를 지칭한 것이었으므로 '야만족' 이라는 뜻이 전해질 수도 있었을 것이다. '바바리아' 지역 사람들에게는 '바바리안' 이 '야만인' 을 뜻하게 된 사실이 불행한 일이며 언제나 그 표현에 민감할 수 밖에 없을 것이다.

역사 해석, 역사 설명에는 이와 같은 개념 사용의 문제가 불가피하다. 침략이냐 해방이냐의 문제도 그런 것이다. 역사 왜곡의 문제도 언어 선택의 문제와 관련되어 있다. 그런데 언어 선택의 차이는 역사적 사건에서의 입장의 차이를 말할 수 있으므로 역사 왜곡이 문제될 수 있다. 역사는 언제나 다시 쓸 수 있는 것이다. 입장이 다르기 때문에 다르게 쓸 수 있는 것이다. 역사적 사건은 관련된 사람들에게 지대한 관심거리일 수밖에 없으므로 그런 주관적 관심을 배제할 수 없는 역사는 완전히 객관적일 수 없다. 역사적 진리는 어느 정도나마 주관적 진리일 수밖에 없다는 것을 인정해야 한다. 관광여행은 우리 문화의 홍보보다는 그곳 문화의 학습과 이해를 위한 것이다. 우리 역사와 관련된 것이 왜곡되었다고 느낄지라도 왜 그런 왜곡이 일어난 것인지를 이해하면서 우리 것을 다시 이해하도록 해야 한다. 그러기 위해서는 어떤 경우에도 피해 의식을 갖지 않도록 해야 할 것이다. 지난 역사에서 침략을 당했다고 해서 그것이 오늘의 역사에서까지 피해 의식으로 작용하게 해서는 안 된다. 역사를 지워버릴 수는 없지만 역사는 항상 새롭게 만들어지는 것이다. 지배 관계도 바뀌고 문화 창조의 저력도 바뀐다. 부정적인 것을 긍정적인 것으로, 비관적인 것을 희망적인 것으로 바꿀 수 있기 때문에 역사는 가능성의 과정인 것이다. 지나간 역사에도 다른 가능성이 있었으며, 현재와 미래의 역사에는 모든 것이 가능한 과정으로 남아 있는 것이다.

역사적 한계성은 결정론적 한계가 아니다. 다만, 자연적 한계 안에서 이루어지는 인간의 역사이기 때문에 모든 역사적인 것은 한시적일 수밖에 없다. 로마 시대의 베니스는 외적의 침략으로 한 시대를 마감하게 되었지만 오늘의 베니스는 자연과의 관계에서 또 하나의 역사적 변화를 준비하지 않을 수 없다는 것을 보여준다.

바다에 떠 있는 듯한 베니스는 사실상 떠 있는 것이 아니다. 바다 수면이 높아지면서 베니스가 물 속으로 잠기기 시작한 것이다.

바다와 도로 사이의 계단이 물에 잠기기 시작했다. 건물의 일층이 물에 잠겨 버린 곳도 있다고 한다. 바다 수면이 1m만 높아지면 베니스의 도시 건물들은 구조 변경을 해야 한다. 구조 변경이 불가능하여 제대로 기능할 수 없는 건물들이 있을 수 있다.

바다 수면이 높아지는 것은 자연 현상이지만 우리 인간의 문명이 영향을 미치는 현상이다. 문명의 열기가 남극의 얼음을 녹이기 때문이라고 한다. 인간의 문명이 인간 역사의 종말을 재촉하고 있지만 우리는 문명의 역사를 멈출 수가 없다. 언제 어떻게 인간의 역사가 끝나리라는 것은 알 수 없다. 그런 결정론을 말할 수는 없다. 하지만 종말의 운명을 예감할 수는 있다. 물에 잠기는 베니스를 보면 그런 운명을 느낄 수 있다. 그러기에 베니스는 더욱 아름답게 보이는지 모른다.

이스탄불은 콘스탄티노플

동쪽 로마의 중심지 콘스탄티노플이 터키의 이스탄불이 되었다. 또한 콘스탄티노플은 기독교가 지배한 도시였으나 이스탄불은 이슬람교가 지배하는 도시로 바뀌었다. 이처럼 역사가 바뀌면서 도시의 이름이 바뀌었으므로 '콘스탄티노플'과 '이스탄불'은 서로 다른 이름으로 생각되었다. 그런데 이스탄불 관광을 안내한 언어학 교수는 라틴어의 '콘스탄티노플'이 터키어의 '이스탄불'로 발음이 된 것이라고 설명했다.

대학의 언어학 교수라고 자신을 소개한 중년 여성의 안내자는 부직으로 그런 일을 하지 않을 수 없는 터키의 경제 사정을 이야기했다. 중동 지역의 테러 위험성과 최근의 이스탄불 지역의 지진 등의 영향으로 관광객이 줄어들었으며 십여 년 째 악화되어 가기만 한 터키의 경제 사정은 이스탄불의 관광지에서도 그대로 드러나고 있다는 설명이었다. 그런 경제난 속에서도 빈부의 차는 점점 더 심해지고 있으므로 이대로 나가다가는 희망이 없어 보인다는 '지성인'다운 우려와 비판의 소리를 들을 수 있었다. 관광객들에게 지나치게 어두운 면을 이야기해 준다는 생각도 들었지만 그것은 솔직한 안내였다. 찬란한 문화 유적의 터키만 볼 것이 아니라 현실의 터키가 고민하고 있는 문제도 이해해 주기를 바라는 안내였다.

이스탄불은 유럽 지역과 아시아 지역으로 나뉘어 있는 특이한 도시이다. 역사적으로 콘스탄티노플은 한때 유럽 문화의 중심지였으나 지금의 이스탄불은 아무래도 아시아의 터키를 대표하는 도시이다. 그런데 이스탄불은 콘스탄티노플의 이름을 그대로 쓰고 있다는 사실을 강조해서 설명하는 안내자 여교수의 의도가 궁금하다. 이스탄불은 콘스탄티노플의 시대로 돌아가야 한다는 것을 의미하지 않는가?

터키는 '유럽연합'에 가입하고자 한다. 아시아 국가이지만 유럽에도 영토의 작은 부분이나마 속해 있으므로 유럽 국가 행세를 할 수도 있는 것이다. 그런데 지금의 유럽 국가들이 터키의 영입을 반대한다는 것이다. 반대의 첫 번째 이유는 종교 문제라고 한다. 모든 유럽 국가들은 기독교 국가들인데 터키는 이슬람 국가이기 때문이다. 이스라엘이 터키와 같은 지리적 조건에 위치하고 있었다면 유럽연합에 쉽게 가입할 수 있었을 것이다. 유대교와 기독교는 동질적이며 연속적이기 때문이다. 터키의 유럽연합 가입을 반대하는 또 다른 이유에는 경제적 후진성과 정치 사회적 질서의 불안정 등이 지적되고 있다는 것이다.

이스탄불은 불안하다. 바가지 요금 때문에 물건을 살 수 없다. 100불이라고 불렀다가도 돌아서면 50불이 된다. 더 흥정할 수가 없어서 50불에 사놓고 보면 20불이나 10불에 살 수도 있었으리라는 생각이 든다. 이떤 관광객이 무려 5배의 바가지 요금으로 산 것을 관광 안내자가 알고서는 4배에 해당하는 요금을 돌려받게 해주기도 했다. 관광객들이 쉽게 속을 수 있는 것은 화폐 단위가 우스꽝스러울 정도로 높기 때문이기도 하다. 우리돈 1,000원 정도가 터키 돈으로 1,000,000리라이다. 점심 한 끼에 5,000,000리라에서 10,000,000리라를 지불해야 한다. 택시 요금이 30,000,000리라가 되면 관광객들은 어떤 화폐를 꺼내야 할지 망설이게 된다. 그럴 때면 택시 기사가 관광객의 지갑에서 돈을 직접 꺼내어 간다. 어떤 관광객은 나중에 지갑의 돈을 계산해 보았더니 택시 기사가 50불을 가져가 버렸다고 했다. 50불이면 70,000,000리라 정도가 된다.

이스탄불 거리에는 관광객의 주머니를 노리는 가난한 사람들이 너무 많다. 어떤 방법으로든지 접근해서 도움을 받고자 하기 때문에 걸어다니는 것이 불안하고 불편하다. 이스탄불에 관광객이 줄어든 이유 중의 하나일 것이다. "이스탄불은 관광객이 없어서 텅 비었습니다"라고 몇 번씩 말해 주던 그 대학 교수 안내자의 서글픈 표정이 기억난다.

그런 이스탄불의 '명동거리' 입구 한모퉁이에 자그마한 식당 하나를 찾아서 단골로 다녔다. 할아버지가 남자 직원 세 명과 함께 운영하고 있는, 좌석 20개 정도의 작은 식당이다. 깨끗하고 시원하다. 무엇보다 사람들이 친절하다. 영어가 통하지 않지만 표정으로 이야기할 수 있다. 언제나 반갑게 맞이해 준다. 한 주일을 다니고 나서 토요일이 되니까 그 다음 날 우리가 떠나리라는 것을 예상한 할아버지가 음식값을 받지 않겠다고 했다. 할 수 없이 그 호의를 받아들이고, 마침 그 다음 날 하루가 더 있어서 그 날은 음식값의 두 배 정도를 내놓으면서 그것이 마지막 날이라고 했더니 그냥 받아 주었다. 인정미가 통하는 터키의 서민들이다. 그런 마음이 쉽게 변하지 않을 테니 터키의 미래를 희망적으로 볼 수 있다.

'명동거리'와 같은 이스탄불의 번화가에는 항상 인파로 가득하다. 그 속에서 젊은 대학생들로 보이는 사람들이 공산주의에 관한 선전물을 나누어 주고 있었다. 제도적으로나 정책적으로 극심한 빈부 차이를 묵인하고 있고 개혁의 의지나 발전적 희망이 보이지 않는 상황에서 젊은이들이 경제적 평등주의를 지향하리라는 것은 당연하다. 그런데 이스탄불이 콘스탄티노플의 연속이며 동쪽의 로마였던 옛 콘스탄티노플 영광을 다시 찾는 것이 터키의 살 길이라고 생각하는 것을 터키의 젊은이들은 어떻게 생각할까?

소련과 동구의 사회주의 체제가 붕괴한 것이 엊그제인데도 공산주의를 찾는 것은 무슨 뜻일까? 현대의 공산주의 역사로 말하자면 모스크바가 로마 시대의 로마에 해당한다. 로마 제국이 무너지면서 콘스탄티노플은 '동로마'가 되었다. 모스크바의 공산주의 체제가 무너지면서 '동로마'로 등장한 것은 중국의 북경이다.

사회주의 터키에 희망을 건다면 아시아의 '동로마'인 북경과 유대 관계를 맺어야 할 것이다. 그 반면, 자본주의 터키에 희망을 건다면 유럽의 '동로마'였던 콘스탄티노플로 돌아가서 유럽연합에 가입하고자 해야 할 것이다. 아시아와 유럽에 걸쳐 있는 터키의 갈등이며 고민이다. 갈등하는 터키를 보고 있으면 서쪽으로 지는 해의 아름다움이 안타까우면서도 해는 동쪽에서 다시 떠오른다는 생각을 하게 된다.

이스탄불 '명동거리'의 까페에는 터키 젊은이들의 열정이 넘쳐흐른다. 결코 그냥 주저앉아 버리지 않겠다는 젊은 의지의 정열이다. 젊은이들의 타오르는 열정이 동쪽에서 다시 떠오르는 태양이 되어 터키의 앞날을 밝게 해줄 것이다.

신화의 자유, 신화의 논리

이번 여행의 계기는 제21차 세계철학자대회가 이스탄불에서 열리게 되었으므로 가능했다. 5년마다 열리는 이 철학자 대회에는 3천여 명의 철학자들이 세계 곳곳에서 모여든다. 8일간 계속되는 대회에 앞서 지중해의 아테네를 중심으로 몇 곳을 둘러보기로 한 것이다.

대회의 주제를 "세계의 문제들을 대면하는 철학"으로 잡은 것도 터키의 이스탄불에서 열리게 된 것과 무관하지 않다. 오늘 우리의 세계가 직면하고 있는 온갖 문제들을 터키와 그 지방의 나라들에서는 체험적으로 느낄 수 있기 때문이다. 이라크 점령 이후 계속되는 테러 위험 지역 중에 터키가 포함되어 있으므로 대회 참가 인원이 줄어들 줄 알았으나 5년마다 모이는 철학자들을 막을 정도의 위험은 아니었던 것 같다.

철학자 대회는 대체로 잘 진행되었다. 그러나 발표된 논문들은 대회 주제가 요구하는 심각성과 포괄성 및 현실성의 수준에 미치지 못했다. 철학도 과학을 닮아서 너무 세분화되었다. 문제를 좁게 제한하여 잡아서 결론을 내리고자 하므로 내용이 없는 이야기가 되어 버린다. 논쟁이나 논증을 연습하는 발표물처럼 가볍게 되어 버린다. 세계의 문제를 그런 식으로 다룰 수는 없다. 철학의 전문성은 분과 과학의 전문성과 같을 수 없다. 그런데도 작은 부분적 문제에 대해 당연한 이야기를 논리적으로 전개하려고 하므로 궤변이 되어 버린다. 진리 탐구를 위한 진지함이나 철저함 같은 것이 없다. 생각을 깊이 하고, 폭넓게 하면서 다른 사람에게도 계속 생각을 하도록 하는 그런 철학이 없다. 철학자들의 모임인데도 소크라테스가 없다는 생각을 하게 한다. 소크라테스는 없고 소피스트(궤변자)들만 있다는 생각을 하게 한다.

더욱 한심한 것은 저명한 철학자라고 모셔온 사람들의 무책임한 발표 행위이다. 철학 개론이나 윤리학 개론 시간에 강의하는 내용 수준의 이야기를 장황하게 늘어놓는다. 세계적인 명성을 가진 대학의 유명 철학자로 초청받은 어떤 노교수는 25분에 해야 할 발표를 80분이나 끌었는데 발표 내용은 역시 윤리학 개론 강의 수준이었다. 너무 늙어서 노망했기 때문이었을까? 그것은 청중을 모독

하는 행위였으며 폭력적인 행위였다. 세 사람이 함께 발표하게 되어 있는 모임이었으므로 진행상에도 혼란을 초래했다. 듣는 사람에게는 철학적 사유를 자극하는 것이 아니라 오히려 생각을 멈추게 하는 짜증스러운 시간이었다.

그렇게 엉망이 되어 버린 분위기에서 두 번째 강의자로 나온 철학자는 조심스럽게 자기 몫을 수행해 주었다. 내용은 역시 개론 강의 수준이었지만 시간 제한을 지켜 주었다.

세 번째 강의자는 이번 모임의 대회장인 쿠츄라디 교수였다. 터키에서 세계철학자대회를 하게 된 것도 쿠츄라디 교수가 5년 전 보스톤 대회에서 세계철학회연합의 회장으로 선출되었기 때문이었다. 이제는 할머니 철학자가 된 쿠츄라디 교수는 여전히 강했다. 철저했다. 심각했다. 그의 강의는 철학자의 절규라고 할 만큼 진지했다.

80분이나 소모한 첫 번째 강의자의 횡포로 시간의 압박을 받은 쿠츄라디 교수는 곧 문제의 핵심으로 들어갔다. 인권의 문제는 정치적 권리, 즉 민주 시민으로서의 권리 문제만이 아니라는 것이다. 경제적 권리, 즉 절대 빈곤으로부터 자유로워지는 권리도 인권의 문제라는 것이다. 경제적 생존이 보장되지 않는 절대 빈곤 상태에서 정치적 자유를 말한다는 것은 무의미할 수 있다. 국가적으로도 가난한 제3세계일수록 사회내의 빈부 차이가 심하기 때문에 절대 빈곤의 상태에 있는 사람들의 경제적 권리는 기득권자들의 정치 권력에 의해 무시당하고 있다. 제도상으로 정치적 자유를 보장하는 민주 사회를 표방하더라도 경제적 부유층의 정치적 특권화를 막을 수가 없다. 경제력과 정치 권력을 마음대로 이용할 수 있는 집단적 기득권을 포기하게 할 수 없기 때문이다.

고르바초프의 개혁 정책이 실패하고 소련 공산주의 체제가 무너진 역사에서도 정치적 자유와 경제적 자유의 관계에 대한 교훈을 얻을 수 있다. 고르바초프 자신이 솔직하게 시인했듯이, 정치 개혁을 먼저 한 후에 경제 개혁을 하고자 했기 때문에 페레스트로이카는 실패했으며, 공산주의 국가 체제가 무너지게 되었던 것이다. 경제 개혁을 먼저 하고 정치 개혁을 하고자 하는 중국의 정책은 지금까지 체제 자체에 대한 큰 위험 부담이 없이 잘 진행되고 있다. 이러한 중국의 실험은 소련의 실험과는 다른 사회주의 체제의 실험이면서 자국내의 실험이므로 온 세계가 주목하고 있지만 지금 우리 세계가 당면한 문제는 아니다. 문제가 되는 것은 경제 개혁이 필요하고 경제적 권리의 침해가 문제시되는 제3세계의 국가들에서 개혁의 변화가 일어나지 못하고 있다는 사실이다.

쿠츄라디 교수의 절규는 오늘의 세계 경제와 정치를 주도하고 있는 선진국들의 역사 의식과 인권 의식을 겨냥하고 있다. 고르바초프가 정치 개혁을 우선으로 하고자 한 것도 서방 선진국의 영향 때문이었을 것이다. 구체적으로 미국의 작전이 작용했을 수도 있다. 미국은 지금도 제3세계에 대하여 민주 정권으로의 개혁을 우선 목표로 하고 있다. 독재 정권을 무너뜨리고, 미국이 지원하는 민주 정권을 세우고자 한다. 그러면서 경제적으로는 미국의 영향권 아래에 들어오게 한다는 것이다. 문제는 미국이 주도하는 자본주의 시장의 영향권에 흡수된 제3세계 국가들은, 이미 중남미 국가들에서 보아온 것처럼, 자국내의 빈부 차이를 줄이지 못한다. 오히려 빈익빈 부익부의 현상을 악화시켜 간다. 다수의 계층이 경제적 권리를 짓밟히고 있지만 자본주의적 자유 경쟁과 시장 경제의 결과라고 묵인해 버린다. 쿠츄라디 교수는 이러한 자본주의적 세계 질서의 경제적 인권 문제를 지적하고 규탄하는 것이다.

자본주의적 세계 질서에 대한 대안이 보이지 않는다. 절대 빈곤의 상태에서 생존권을 박탈당한 사람들의 수가 늘어나고 있다지만 문제 해결의 길이 보이지 않는다. 역사 발전의 방향이 보이지 않는다. 고대 그리스 문화에서 시작된 서구적 합리주의 문화가 그 역사의 종점에 도달한 느낌을 준다. 찬란했던 서구의 태양이 석양이 되어 지평선을 향해 꺼져 가고 있는 것 같다. 아직도 그 화려함이 온 세상을 물들이고 있는 석양의 아름다움을 보는 것 같다.

다시 니체가 생각난다. 정신적으로 정상과 비정상이 교차하는 상태를 겪으면서 석양을 바라보고 앉아 있는 니체의 모습이 인상적이었다고 한다. 무엇을 생각하고 있었을까? 하느님은 죽었다고 선언한 그 말의 여러 가지 의미를 음미하고 있었을까? 도대체 어떤 하느님을 생각하고 있었기에 그의 죽음을 선언할 수 있었을까?

니체의 하느님은 서구 역사를 지배하고 주도해 온 하느님이다. 유대교-기독교의 하느님이면서 그리스 신화의 아폴로 신이다. 아폴로 신의 지배만이 아닌 디오니소스 신의 지배도 필요하다는 니체의 생각은 신의 역사로서의 인간의 역사를 문제시한 것이다. 창조주이고 역사의 주관자이고 전지전능한 하느님은 유대교-기독교의 하느님이다. 이러한 하느님이 그리스의 철학과 만나면서 아폴로 신으로 상징되는 로고스의 하느님 또는 이성의 하느님이 된 것이다. 그렇다면 이러한 이성의 신이면서 전지전능한 신이 역사를 주관한다는 것은 무엇을 말하는가? 그러한 하느님이 역사를 주관한다면 모든 것은 하느님의 섭리대로 이루어질 수밖에 없다. 따라서 역사에 대한 예측과 예언이 가능하며, 역사의 예정론이 가능하고, 완성론이 가능하다. 하느님의 역사를 이렇게 이해할 때 하느님의 섭리와 예정에 따른 선민 사상이 가능하며 하느님의 뜻을 따르는 종교 전쟁도 가능하다. 유대교-기독교와 그리스-로마의 합리주의가 지배해 온 서구의 역사와 서구가 지배해 온 세계의 역사가 드러낸 독선주의 · 독단주의 · 배타주의 · 제국주의도 이해될 수 있다. 한마디로 말하자면, 이것은 전지전능한 하느님에 의해서 예정되고 결정된 역사이며, 그 하느님의 선택을 받은 민족과 국가가 주도해야 하는 역사이다. 말하자면, 역사 결정론이요 역사 숙명론이다. 인간 역사로 말하자면, 진화도 없고 창조도 없는 역사이다. 니체의 초인이 나타날 수 없는 역사이다. 진화를 멈춘 역사이다. 진보라고 할 변화가 없는 역사이다. 죽은 역사이다.

그렇다면, 인간의 역사가 살아남기 위해서는 그러한 역사 주관자인 신이 없어야 한다. 신이 죽어야만 역사가 살아난다. 신이 죽었다고 선언을 해야만 우리 인간은 역사에 참여하고 역사를 책임질 수 있다. 그러니까 니체는 우리가 "신은 죽었다"고 선언하기를 요구한 것이다. 전지전능한 신과 인간의 역사는 공존할 수 없다는 것을 받아들이라고 한 것이다. 절대적으로 인간의 역사를 결정하고 지배하던 신이 죽었으므로, 그런 절대자의 이름으로 침략하고 지배하고 차별하던 역사도 끝이 나야 한다는 것이다.

대안은 무엇인가? 역사를 불가능하게 하는 신이 아니라, 역사를 통하여, 역사를 위하여, 역사에 참여해 주는 신은 어떤 신인가? 그리스 신화의 신들이 그런 신이 아닌가! 또한 예수의 신성과 인성을 인정한다면, 역사적 예수가 그런 신이 아닌가! 예수의 이야기를 그리스 신화의 신으로 다시 써 본다면 아폴로와도 다르고 디오니소스와도 다른 또 하나의 신이 될 수 있을 것이다.

신화의 신들은 자유롭다. 역사 창조와 진보의 가능성을 허용한다. 신화의 신들은 이성을 절대시하지 않는다. 이성과 정서가 다같이 중요시되는 다양한 논리의 적용으로 다양한 가능 세계를 열어 준다. 서구 역사의 지는 해를 보면서 동쪽에서 다시 떠오를 해를 기다린다. 신화적 종교의 자유로움을 다양한 역사의 논리로 표현하면서 니체가 희망했던 새로운 신화의 시대를 열어 본다. 서쪽으로 지는 해가 아름다운 만큼 동쪽에서 뜨는 해도 아름다울 것이다.

철학적 산문

펴낸날 1판 1쇄 2006년 1월 25일
2쇄 2006년 11월 10일
지은이 소흥렬
펴낸이 최민숙
펴낸곳 이화여자대학교출판부
등록 1954년 7월 6일 제9-61호
주소 서울특별시 서대문구 대현동 11-1(우 120-750)
전화 02-3277-2965, 2966(편집부)
02-3277-3164, 362-6076(영업부)
팩스 02-312-4312
e-mail press@ewha.ac.kr
홈페이지 www.ewhapress.com
편집 책임 정경임 | **디자인** 정경숙 | **찍은곳** 한영문화사

ISBN 89-7300-669-X 03100

값 12,000원